Langenscheidt
Sprachführer

Arabisch

Die wichtigsten Sätze und Wörter für die Reise

Langenscheidt

München · Wien

Herausgegeben von der Langenscheidt-Redaktion
Gestaltungskonzept von Farnschläder & Mahlstedt, Hamburg
Covergestaltung von KW43 BRANDDESIGN, Düsseldorf

Abkürzungen:

f	weiblich
m	männlich
Sg	Singular
Pl	Plural

Bildnachweis:

S. 19: Getty Images/Rolf Bruderer
S. 31: laif/Le Figaro Magazine/Wallet
S. 43: Getty Images/Jan Wlodarczyk
S. 79: Sabine von Loeffelholz
S. 83: laif/hemis
S. 107: laif/Gregor Lengler
S. 145: Getty Images/Oliver Furrer
S. 165: Getty Images/Jean-Pierre Lescourret
S. 183: Getty Images/Cultura Travel/Lost Horizon Images
S. 189: Sabine von Loeffelholz
S. 209: Sabine von Loeffelholz
S. 215: laif/Loop Images/Jon Bower

Druck und Bindung: Druckerei C. H. Beck, Nördlingen
ISBN: 978-3-468-22064-7
www.langenscheidt.de
15012

Wann?	matā?	متى؟
Was?	māḏā?	ماذا؟
Wo?	ᵓayna?	أين؟
Wo ist …?	ᵓayna …?	أين ... ؟
Wo gibt es …?	ᵓayna yūǧadu …?	أن يوجد ... ؟
Wo ist die Toilette?	ᵓayna yūǧadu l-ḥammām?	أين يوجد الحمام؟
Hier.	hunā.	هنا.
Dort.	hunāk.	هناك.
Haben Sie …?	hal ladayka …?	هل لديك ... ؟
Ich möchte …	ᵓawaddu …	أود ...
Was kostet das?	mā huwa ṯamanu hāḏā?	ما هو ثمن هذا؟
Das ist mir zu teuer.	hāḏā ṯ-ṯamanu ġālin ᶜalayya.	هذا الثمن غالٍ عليَّ.
Können Sie mir mit dem Preis etwas entgegenkommen?	hal yumkinuka taḫfīḍu ṯ-ṯamani min faḍlik?	هل يمكنك تخفيض الثمن من فضلك؟

Inhalt

Behörden 183

Gesundheit 189

Die Zeit 209

Das Wetter 215

Bei Auslassungspunkten können Sie das einsetzen, was Sie gerade sagen möchten. Ergänzungen finden Sie in der Liste „Weitere Wörter" zu jedem Abschnitt oder Kapitel.

Wo bekomme ich ... ?	ᵓayna yumkinunī ᵓan ᵓaḥṣula ᶜalā ...? أين يمكنني أن أحصل على ... ؟

Alle Sätze und Wörter sind in Lautschrift und in arabischer Schrift (zum Zeigen) angegeben.

Wenn es mehrere Möglichkeiten gibt, einen Satz fortzuführen, stehen die möglichen Ergänzungen unter dem Satz. Setzen Sie die passende Ergänzung in die Lücke mit den drei Punkten ein.

Können Sie mir ... empfehlen?	hal min al-mumkini ᵓan tusdī lī naṣīḥatan ḥawla ...? هل من الممكن أن تُسدي لي نصيحةً حول ... ؟
– ein preiswertes Hotel	– funduqin ᵓasᶜāruhu munāsiba – فندقٍ أسعارهُ مناسبةٌ
– eine Pension	– bansyūn – بنسيون

Ich möchte Sie einladen. ᵓawaddu ᵓan ♂ ᵓadᶜūka / ♀ ᵓadᶜūki.
أود أن ♂ أدعوكَ / ♀أدعوكِ.

> Wenn es unterschiedliche Formen je nach Geschlecht der Person gibt, ist die männliche Form mit ♂ und die weibliche mit ♀ markiert. Z.B. sagen Sie zu einem Mann ᵓawaddu ᵓan ᵓadᶜūka und zu einer Frau ᵓawaddu ᵓan ᵓadᶜūki.
> In der Grammatik verwenden wir dagegen die Abkürzung *m* für männlich und *f* für weiblich.

Wo ist die Touristeninformation? ᵓayna maktabu istiᶜlāmāti s-suyyāḥ?
أين مكتب استعلامات السياح؟

Das könnten Sie hören:

Die erste Straße links. ◂ᵓawwalu šāriᶜin ᶜalā š-šimāl.
أول شارع على الشمال.

> Sätze, die Sie nicht selber sagen werden, die man aber vielleicht zu Ihnen sagt, sind mit der Überschrift „Das könnten Sie hören:" versehen und mit Pfeilen gekennzeichnet.

Welches Material ist das? mā nawᶜu hāḏā l-qumāš?
▸ *Stoffe und Materialien, S. 127*
ما نوع هذا القماش؟

> Verweis auf andere Kapitel, in denen Sie weitere Wörter und Sätze finden.

Kleidung

Generell ist es ratsam, dass sich sowohl Männer als auch Frauen eher konservativ kleiden. Männer sollten kurze Hosen und ärmellose T-Shirts vermeiden.

Frauen tragen am besten Kleidung, die ihre Schultern, Knie und das Dekolleté bedecken. Transparente Kleidung ist absolut tabu. Eine Kopfbedeckung ist nur in Saudi-Arabien auch für Ausländerinnen obligatorisch.

Die linke Hand

Die linke Hand gilt in arabischen Ländern als unrein, da sie zur Reinigung nach der Toilette verwendet wird. Vermeiden Sie es daher, Gegenstände mit der linken Hand zu überreichen, mit der linken Hand zu essen oder jemandem die linke Hand zu reichen.

Körperkontakt

In arabischen Ländern ist es üblich, dass sowohl Frauen miteinander als auch Männer miteinander händchenhaltend auf der Straße gehen. Zwischen den Geschlechtern sollte dagegen auf jegliche Art von Körperkontakt oder gar Zärtlichkeiten verzichtet werden. Dies gilt auch für Ausländer. Wenn Männer sich mit arabischen Frauen unterhalten, ist es besser, einen Augenkontakt zu vermeiden.

Ramadan

Während des Fastenmonats Ramadan ist es den Muslimen tagsüber nicht erlaubt, zu trinken, zu essen und zu rauchen. Aus Höflichkeit und Respekt gegenüber den Gläubigen sollten Sie in dieser Zeit ebenfalls auf das Essen, Trinken und Rauchen in der Öffentlichkeit verzichten.

Beim Reisen während des Ramadans müssen Sie mit Einschränkungen rechnen: Viele Restaurants, Cafés und Geschäfte sind tagsüber geschlossen. Dafür geht es nach Sonnenuntergang auf den Straßen umso lebhafter zu.

Betreten eines Raumes oder einer Wohnung

Wenn sie einen Raum oder eine Wohnung betreten, vor der Schuhe stehen, sollten Sie höflichkeitshalber auch Ihre Schuhe ausziehen. Richten Sie sich nach Ihrem Gastgeber.

In arabischen Ländern gilt es als sehr unhöflich und beleidigend, die Fußsohlen zu zeigen. Setzen Sie sich daher immer so hin, dass Ihre Fußsohlen für andere nicht sichtbar sind.

Schweinefleisch und Alkohol

Aus religiösen Gründen trinken Muslime keinen Alkohol und essen kein Schweinefleisch. Das Schwein gilt im Islam als unrein, daher werden Sie auch nirgendwo Schweinefleisch auf der Speisekarte finden.

Es gibt nur wenige arabische Länder, in denen absolutes Alkoholverbot herrscht, wie z.B. in Saudi-Arabien und im Emirat Sharjah. In den meisten anderen arabischen Ländern sind alkoholische Getränke zumindest in Hotels, Restaurants oder Clubs erhältlich. Vermeiden Sie es aber, in der Öffentlichkeit, also außerhalb dieser Lokalitäten, Alkohol zu konsumieren.

Taxis

Taxis sind zwar meist mit Taxametern ausgestattet, diese werden jedoch nicht immer eingeschaltet. Daher sollte man vor jeder Fahrt den Preis mit dem Fahrer aushandeln. Um ein Taxi anzuhalten, machen Sie sich per Handzeichen bemerkbar.

Die Arabische Sprache

Die Amtssprache in den arabischen Ländern ist das moderne Hocharabisch, das in den Medien und in der Literatur verwendet wird. Jedes Land hat jedoch auch seinen eigenen Dialekt, der sowohl in der Aussprache als auch im Vokabular vom Hocharabischen stark abweichen kann.

Die Schrift

Das arabische Alphabet hat 28 Buchstaben, die von rechts nach links aneinander geschrieben werden. Es gibt keine Groß- und Kleinschreibung der Buchstaben, vielmehr variiert deren Schreibweise je nach Position im Wort: am Anfang, in der Mitte, am Ende oder als isolierter Einzelbuchstabe. Im Arabischen werden nur die Konsonanten und die langen Vokale ā, ī und ū geschrieben.

Die kurzen Vokale können durch die Hilfszeichen َ für a, ِ für i und ُ für u dargestellt werden, in der Praxis erfolgt dies jedoch nur dort, wo sonst Verwechslungen möglich wären. Sie können ein Wort also nur dann korrekt lesen, wenn Sie es bereits kennen und Ihnen die Vokalfolge bekannt ist.

Satzzeichen werden auch verwendet, unterliegen jedoch keinen bindenden Regeln. Das arabische Fragezeichen ؟ und das Komma ، schreibt man spiegelbildlich zum Deutschen.

Alphabet und Aussprache

In diesem Sprachführer sind alle arabischen Wörter und Sätze zusätzlich in Lautschrift wiedergegeben. Diese Lautschrift wurde von der Deutschen Morgenländischen Gesellschaft als Standard für die Umschrift des Arabischen festgelegt.

Buchstabenname	Anfang	Mitte	Ende	isoliert	Lautschrift	Aussprache
alif	ا	ـا	ـا	ا	ʾ ā	Stimmritzenverschlusslaut, der einen Stimmansatz vor Vokalen bedeutet, wie das zweite *e* in vererben langes *a* wie in Haar
bāʾ	بـ	ـبـ	ـب	ب	b	*b* wie in Buch
tāʾ	تـ	ـتـ	ـت	ت	t	*t* wie in Tisch
ṯāʾ	ثـ	ـثـ	ـث	ث	ṯ	wie *th* in englisch Thanks
ǧīm	جـ	ـجـ	ـج	ج	ǧ	wie *j* in joggen
ḥāʾ	حـ	ـحـ	ـح	ح	ḥ	stimmloser h-Laut
ḫāʾ	خـ	ـخـ	ـخ	خ	ḫ	wie *ch* in Nacht
dāl	د	ـد	ـد	د	d	*d* wie in danke
ḏāl	ذ	ـذ	ـذ	ذ	ḏ	wie *th* in englisch that
rāʾ	ر	ـر	ـر	ر	r	mit der Zungenspitze gerolltes *r*
zāy	ز	ـز	ـز	ز	z	*s* wie in Sohn
sīn	سـ	ـسـ	ـس	س	s	stimmloses *s* wie in beißen
šīn	شـ	ـشـ	ـش	ش	š	*sch* wie in Schule
ṣād	صـ	ـصـ	ـص	ص	ṣ	dumpfer, stimmloser s-Laut
ḍād	ضـ	ـضـ	ـض	ض	ḍ	dumpfer, stimmhafter d-Laut

ṭāʾ	طـ	ـطـ	ـط	ط	ṭ	dumpfer, stimmloser t-Laut
ẓāʾ	ظـ	ـظـ	ـظ	ظ	ẓ	gelispelter, stimmhafter s-Laut
ʿain	عـ	ـعـ	ـع	ع	ʿ	ein aus der Kehle gepresster a-Laut
ġain	غـ	ـغـ	ـغ	غ	ġ	ein im Rachen gesprochenes *r* wie in grün
fāʾ	فـ	ـفـ	ـف	ف	f	*f* wie in Fisch
qāf	قـ	ـقـ	ـق	ق	q	in der Kehle gesprochener Verschlusslaut
kāf	كـ	ـكـ	ـك	ك	k	*k* wie in Kuchen
lām	لـ	ـلـ	ـل	ل	l	*l* wie in laufen
mīm	مـ	ـمـ	ـم	م	m	*m* wie in Mutter
nūn	نـ	ـنـ	ـن	ن	n	*n* wie in nein
hāʾ	هـ	ـهـ	ـه	ه	h	*h* wie in Hotel
wāw	و	ـو	ـو	و	w ū	wie das *w* in englisch water langes *u* wie in Flur
yāʾ	يـ	ـيـ	ـي ـى	ي ى	y ī ā	*j* wie in ja langes *i* wie in Spiel am Wortende ohne Punkte geschrieben; langes *a* wie in Bahn

Artikel

Das Arabische kennt nur einen einzigen bestimmten Artikel al-, der mit dem Substantiv verbunden und sowohl für Ein- und Mehrzahl als auch für männlich und weiblich verwendet wird. Das -l des Artikels nimmt bei nachfolgenden Konsonanten, die mit der Vorderzunge artikuliert werden, den so genannten Sonnenbuchstaben, die Aussprache dieses Konsonanten an. Sonnenbuchstaben sind die folgenden:
t, ṯ, d, ḏ, r, z, s, š, ṣ, ḍ, ṭ, ẓ, l, n.
Aus al-ziyāra wird az-ziyāra (der Besuch), aus al-nūr wird an-nūr (das Licht).

Das a- des Artikels fällt wiederum bei vorangehendem Vokal weg. So wird šaribtu aš-šāyy in der Aussprache zu šaribtu š-šāyy (Ich trank Tee). Die Schrift bleibt jedoch jeweils gleich.

Wird ein Substantiv durch ein Adjektiv näher bestimmt, so bekommt auch das nachfolgende Adjektiv den Artikel al-: al-funduq al-kabīr das große Hotel. Trägt ein Substantiv nicht den Artikel al-, so ist es unbestimmt, es sei denn, es handelt sich um das Leitwort in einer Genitivverbindung (siehe Bildung des Genitivs).

Substantiv

Genus

Im Arabischen gibt es nur zwei Genera: männlich und weiblich. Aus männlichen Substantiven können durch das Anhängen von -a weibliche gebildet werden.
ṭabīb → ṭabība Arzt → Ärztin
zawǧ → zawǧa Ehemann → Ehefrau

Es gibt jedoch auch weibliche Substantive, die keine a-Endung haben. Dazu gehören vor allem die Bezeichnungen für weibliche

Lebewesen, wie z.B. umm (Mutter), bint (Tochter), uḫt (Schwester), aber auch Substantive wie ḫamr (Wein) und ḥarb (Krieg).

Bildung des Genitivs

Die Genitivverbindung entsteht durch das unmittelbare Hintereinanderstellen zweier Substantive, dem Leitwort und dem folgenden Genitiv. Der Artikel -al steht beim hinteren Substantiv. Die Determination bzw. Indetermination des Genitivs wirkt sich auf die gesamte Genitivverbindung aus.
bābu sayyāratin eine Autotür
bābu s-sayyārati die Autotür

Bildung des Plurals

Das Arabische kennt eine regelmäßige und eine unregelmäßige Pluralbildung. Bei der regelmäßigen Pluralbildung wird an männliche Substantive die Endung -ūn und an weibliche Sub-stantive die Endung -āt angehängt.
muʿallim → muʿallimūn Lehrer *Sg* → Lehrer *Pl*
muʿallima → muʿallimāt Lehrerin *Sg* → Lehrerinnen *Pl*
Allerdings gibt es sehr viele Plurale, die unregelmäßig gebildet werden und verschiedene Formen annehmen, so dass diese in einem Wörterbuch immer mit angegeben werden.

Dual

Weiterhin kennt das Arabische eine Sonderform der Pluralbildung, den Dual oder Zweizahl. Die Dualform wird durch das Anhängen der Endung -ān an das jeweilige Substantiv gebildet. muʿallim → muʿallimān Lehrer *Sg* → zwei Lehrer

Adjektiv

Das attributive Adjektiv folgt unmittelbar dem Substantiv und richtet sich sowohl bezüglich des Genus als auch bezüglich seiner Bestimmtheit nach dem Substantiv. Ist das Substantiv determiniert, so erhält auch das Adjektiv den Artikel al-, ist das Substantiv weiblich, so erhält auch das Adjektiv die weibliche Endung -a.

maṭʿam ġālī ein teures Restaurant
al-maṭʿamu l-ġālī das teure Restaurant
hadīya ġāliyya ein teures Geschenk
al-hadīyatu l-ġāliyya das teure Geschenk

Pronomen

Personalpronomen

	Singular			Plural		
1. Person	ich	anā	أنا	wir	naḥnu	نحن
2. Person	du *m* du *w*	anta anti	أنتَ أنتِ	ihr *m* ihr *w*	Antum antunna	أنتم أنتنّ
3. Person	er sie	huwa hiya	هو هي	sie *m* sie *w*	hum hunna	هم هنّ

Im Arabischen genügt es, die entsprechende Verbform ohne das zugehörige Personalpronomen zu verwenden, d.h. für „ich schrieb" sagt man katabtu und nicht anā katabtu. Das Personalpronomen dient nur zur Betonung.

Possessivpronomen

	Singular			Plural		
1. Person	mein	-ī	ـي	unser	-nā	ـنا
2. Person	dein *m* dein *w*	-ka -ki	ـكَ ـكِ	euer *m* euer *w*	-kum -kunna	ـكُم ـكُنّ
3. Person	sein ihr	-hu -hā	ـهُ ـها	ihr *m* ihr *w*	-hum -hunna	ـهم ـهنّ

Die Possessivpronomen werden als Suffixe an ein Substantiv angehängt, um eine Zugehörigkeit aufzuzeigen. Substantive mit Possessivsuffix stehen ohne den Artikel al-.
baytī mein Haus
funduqnā unser Hotel

Demonstrativpronomen

	männlich		weiblich		Plural (nur für Personen)	
dieser/ diese	hāḏā	هذا	hāḏihi	هذه	hāʾulāʾi	هؤلاء
jener/ jene	ḏālika	ذلك	tilka	تلك	ʾulāʾika	أولئك

In der Bedeutung „diese/dieser/jene/jener" stehen die Demonstrativpronomen vor Substantiven mit dem Artikel al-. hāḏā l-funduq dieses Hotel

In Nominalsätzen, d.h. Sätzen ohne Verb, entsprechen die Demonstrativpronomen dem Deutschen „Das ist/sind...". hāḏā funduq. Das ist ein Hotel.

Fragewörter

Wer?	man?	من؟
Wo?	ayna?	أين؟
Was?	māḏā?	ماذا؟
Wann?	matā?	متى؟
Warum?	limāḏā?	لماذا؟
Wie?	kayfa?	كيف؟
Wie viel?	kam?	كم؟

Fragen, die nicht mit einem Fragewort beginnen, werden mit der Fragepartikel hal eingeleitet. hal anta marīḍ? Bist du krank?

Verb

Infinitiv

Der Infinitiv eines Verbs wird durch die 3. Person Singular Präsens angezeigt.

Präsens

Die Gegenwartsform wird durch das Anhängen von Vorsilben und Nachsilben gebildet.

Singular			
1. Person	ich verstehe	ʾafhamu	أفهم
2. Person	du *m* versteht du *f* verstehst	tafhamu tafhamīna	تفهم تفهمين
3. Person	er versteht sie versteht	yafhamu tafhamu	يفهم تفهم
Plural			
1. Person	wir verstehen	nafhamu	نفهم
2. Person	ihr *m* versteht ihr *f* versteht	tafhamūna tafhamna	تفهمون تفهمن
3. Person	sie *m* verstehen sie *f* verstehen	yafhamūna yafhamna	يفهمون يفهمن

Verneinung

Verben in der Gegenwart werden durch das Voranstellen von lā vor das Verb verneint.
lā yašrabu aš-šāyy. Er trinkt keinen Tee.

Verbalsatz

In einem Verbalsatz (Satz mit einem Verb) steht das Verb vor dem Subjekt am Satzanfang. In diesem Fall wird das Verb nur im Genus und nicht im Numerus an das Subjekt angepasst.
kataba l-muʿallim. Der Lehrer schrieb.

katabat al-muʿallima. Die Lehrerin schrieb.
kataba l-muʿallimūn. Die Lehrer schrieben.

Nominalsatz

Da es im Arabischen keine Entsprechung für die Hilfsverben „sein" und „haben" gibt, wird in diesem Fall ein Nominalsatz ohne Prädikat gebildet. Diese Ausdrücke sind sehr einfach und ermöglichen Ihnen, schnell eigene Sätze zu bilden und zu sprechen.
anā muʿallim. Ich bin Lehrer.

Wird ein Adjektiv als Prädikat benutzt, hat es keinen Artikel und richtet sich im Genus nach dem vorangehenden Substantiv.
al-funduqu ǧamīl. Das Hotel ist schön.
bintī kabīra. Meine Tochter ist groß.

Präpositionen

Nach Präpositionen folgt immer der Genitiv.

auf	ʿalā	على
bei	ʿinda	عند
bis	ḥattā	حتّى
hinter	warāʾ	وراء
in	fī	في
mit	maʿ	مع
nach, zu (örtl.)	ʾilā	إلى
über	fawqa	فوق
unter	taḥta	تحت
von	min	من
vor, gegenüber (örtl.)	ʾamāma	أمام

Erste Kontakte

Sich verständigen

Sprechen Sie Deutsch?	hal ♂ tataḥaddaṯu / ♀ tataḥaddaṯīn al-ᵓalmāniyya?	هل ♂ تتحدثُ / ♀ تتحدثين الألمانية؟
Gibt es hier jemanden, der Deutsch spricht?	hal yūǧadu ᵓaḥadun hunā yataḥaddaṯu l-ᵓalmāniyya?	هل يوجدُ أحدٌ هنا يتحدث الألمانية؟
Gibt es hier jemanden, der Englisch spricht?	hal yūǧadu ᵓaḥadun hunā yataḥaddaṯu l-ᵓinǧlīziyya?	هل يوجدُ أحدٌ هنا يتحدث الإنجليزية؟
Haben Sie verstanden?	hal ♂ fahimtanī / ♀ fahimtinī?	هل ♂ فهمتني/ ♀ فهمتني؟
Ich habe verstanden.	fahimtu.	فهمت.
Ich habe das nicht verstanden.	lam ᵓafham ḏālik.	لم أفهم ذلك.
Könnten Sie bitte etwas langsamer sprechen?	hal min al-mumkini ᵓan ♂ tataḥaddaṯa/ ♀ tataḥaddaṯī bi-buṭᵓ?	هل من الممكن أن ♂ تتحدثَ / ♀ تتحدثي ببطء؟
Könnten Sie das bitte wiederholen?	hal min al-mumkini ᵓan ♂ tukarrira / ♀ tukarrirī ḏālika min faḍlik?	هل من الممكن أن ♂ تكررَ/♀ تكرري ذلكَ من فضلك؟
Wie heißt das auf Arabisch?	mā maᶜnā hāḏā bi-l-luġati l-ᶜarabiyya?	ما معنى هذا باللغة العربية؟

Was bedeutet ...?	mā maᶜnā ...?	ما معنى ... ؟
Könnten Sie es mir bitte aufschreiben?	hal min al-mumkini ᵓan ♂ taktuba / ♀ taktubī lī ḏālika min faḍlik?	هل من الممكنِ أن ♂ تكتبَ / ♀ تكتبي لي ذلكَ من فضلك؟

Sich kennenlernen

Sich begrüßen und verabschieden

Guten Morgen! (Gruß, vor 12 Uhr mittags)	ṣabāḥa l-ḫayr!	صباحُ الخير !
Guten Abend! (Gruß, ab 16 Uhr nachmittags)	masāᵓa l-ḫayr!	مساءُ الخير !

Info

Im Arabischen gibt es viele verschiedene Begrüßungsformeln, die je nach Region unterschiedlich verbreitet sind. Der traditionelle Gruß, der zu jeder Tageszeit und in allen Regionen unter Muslimen üblich ist, lautet السلام عليكم! as-salāmu ᶜalaykum! *(Friede sei mit euch!)*, der Gegengruß dazu lautet عليكم السلام! ᶜalaykum as-salām. Betritt man ein Geschäft oder eine Wohnung, hört man häufig أهلا و سهلا بكم! ᵓahlan wa-sahlan bi-kum! *(Herzlich willkommen!)*, die Antwort darauf lautet أهلا بكم! ᵓahlan bi-kum!.

Gute Nacht! (Gruß)	tuṣbiḥu ᶜalā ḫayr!	تصبحُ على خير!
Hallo!	ᵓahlan!	أهلاً!
Wie geht es Ihnen?	kayfa ♂ ḥāluka / ♀ ḥāluki?	كيف ♂ حالكَ / ♀ حالكِ ؟
Danke, gut. Und Ihnen?	šukran, ᵓana bi-ḫayr. wa- ♂ ᵓanta / ♀ ᵓanti?	شكراً، أنا بخير. و ♂ أنتَ / ♀أنتِ ؟
Schönen Tag noch!	yawman saᶜīdan!	يوماً سعيداً!
Schönes Wochenende!	ᶜuṭlata nihāyati ᵓusbūᶜin murīḥa!	عطلة نهاية أسبوع مريحة!
Es tut mir Leid, aber ich muss jetzt gehen.	ᵓanā ᵓāsif, lākin yağibu ᵓan ᵓaḏhaba l-ᵓān.	أنا آسف، لكن يجب أن أذهب الآن.
Auf Wiedersehen!	maᶜa s-salāma!	مع السلامة!
Bis bald!	ᵓilā l-liqāᵓ!	إلى اللقاء!
Bis morgen!	ᵓilā l-ġad!	إلى الغد!
Schön, Sie kennen gelernt zu haben.	♂ saᶜīdun / ♀ saᶜīdatun bi-maᶜrifatik.	♂ سعيد / ♀ سعيدة بمعرفتك.
Vielen Dank für den netten Abend.	kāna masāᵓan ğamīlan bi-rifqatik.	كان مساءً جميلا برفقتك.
Vielen Dank für den netten Tag.	kāna yawman ğamīlan bi-rifqatik.	كان يوما جميلا برفقتك.

Sich bekannt machen

Wie heißen Sie?	mā ♂ ᵓismuka / ♀ ᵓismuki?	ما ♂ اسمكَ / ♀ اسمكِ ؟
Ich heiße …	ᵓismī …	اسمي …
Darf ich Ihnen vorstellen?	hal tasmaḥu lī ᵓan ᵓuqaddima ♂ laka / ♀ laki?	هل تسمح لي أن أقدمَ ♂ لك /♀ لك؟
Das ist mein Mann.	hāḏā zawǧī.	هذا زوجي.
Das ist meine Frau.	hāḏihi zawǧatī.	هذه زوجتي.
Das ist mein Freund.	hāḏā ṣadīqī.	هذا صديقي.
Das ist meine Freundin.	hāḏihi ṣadīqatī.	هذه صديقتي.
Woher kommen Sie?	min ᵓayna ♂ ᵓanta / ♀ ᵓanti?	من أين ♂ أنتَ / ♀ أنتِ؟

Info

Im Alltag wird im Arabischen, zumindest in den meisten arabischen Ländern, jeder mit Du angesprochen, ausser es handelt sich um eine Respektsperson, wie z.B. einen hohen Beamten oder einen Professor, dann wird die Höflichkeitsform verwendet. Grundsätzlich verwendet man vor jeder Anrede den Ausruf يا yā *(Oh)*. Wenn man den Namen seines Gesprächspartners nicht kennt, kann man z.B. يا سيدي yā sayyidī *(mein Herr)* und يا سيدتي yā sayyidatī *(meine Dame)* sagen.

Ich komme aus ...	ᵓanā min …	أنا من ...
– Deutschland.	– ᵓalmānyā.	– ألمانيا.
– Österreich.	– an-nimsā.	– النمسا.
– der Schweiz.	– swīsrā.	– سويسرا.
Wie alt sind Sie?	mā ♂ ᶜumruka / ♀ ᶜumruki?	ما ♂ عمركَ / ♀ عمركِ ؟
Ich bin ... Jahre alt.	ᵓanā ᶜumrī … sana.	أنا عمري ... سنة.
Sind Sie verheiratet?	hal ♂ ᵓanta mutazawwiǧ / ♀ ᵓanti mutazawwiǧa?	هل أنت ♂ متزوج / ♀ متزوجة ؟
Haben Sie Kinder?	hal ♂ ᶜindaka / ♀ ᶜindaki ᵓaṭfāl?	هل ♂ عندكَ / ♀ عندكِ أطفال؟

Sich verabreden

Treffen wir uns heute Abend?	hal nataqābalu masāᵓa l-yawm?	هل نتقابل مساء اليوم؟
Treffen wir uns morgen?	hal nataqābalu ġadan?	هل نتقابل غداً؟
Wir könnten etwas zusammen machen, wenn Sie möchten.	min al-mumkini ᵓan nafᶜala šayᵓan sawīyyan ᵓiḏā ♂ᵓaradta / ♀ ᵓaradti.	من الممكن أن نفعل شيئاً سوياً إذا ♂ أردتَ / ♀ أردتِ.

Wollen wir heute Abend zusammen essen?	hal yumkinunā ᵓan natanāwala l-ᵓašāᵓa sawīyyan al-yawm?	هل يمكننا أن نتناولَ العشاءَ سوياً اليوم؟
Ich möchte Sie einladen.	ᵓawaddu ᵓan ♂ ᵓadᶜūka / ♀ ᵓadᶜūki.	أود أن ♂ أدعوكَ / ♀أدعوكِ.
Möchten Sie tanzen gehen?	hal ♂ tawaddu / ♀ tawaddīna ḏ-ḏahāba li-r-raqṣ?	هل ♂ تودُ / ♀ تودين الذهابَ للرقص؟
Wo treffen wir uns?	ᵓayna sa-nataqābal?	أين سنتقابل؟
Wann treffen wir uns?	matā sa-nataqābal?	متى سنتقابل؟
Treffen wir uns doch um ... Uhr.	li-nataqābala fī s-sāᶜati l-	لنتقابل في الساعة الـ ....
Ich hole Sie um ... Uhr ab.	sa-ᵓaḏhabu ♂ li-ᵓiḥḍārika / ♀ li-ᵓiḥḍāriki fī s-sāᶜati l- ...	سأذهبُ ♂ لإحضاركَ / ♀ لإحضاركِ في الساعة الـ....
Ich bringe Sie nach Hause.	sa-ᵓaqūmu ♂ bi-tawṣīlika / ♀ bi-tawṣīliki ᵓila l-bayt.	سأقوم ♂ بتوصيلكَ / ♀ بتوصيلكِ إلى البيت.
Sehen wir uns noch einmal?	hal sa-nataqābalu marratan ᵓuḫrā?	هل سنتقابلُ مرةً أخرى؟

Zusagen oder ablehnen

Sehr gerne.	bi-kulli surūr.	بكل سرور.
In Ordnung.	itafaqnā.	اتفقنا.
Ich weiß noch nicht.	lā ᵓaᶜrifu ḥattā l-ᵓān.	لا أعرفُ حتى الآن.
Vielleicht.	rubbamā.	ربَّما.
Es tut mir leid, aber ich kann nicht.	ᵓanā ᵓāsifun, lā ᵓastaṭīᶜ.	أنا آسف، لا أستطيع.
Ich habe schon etwas vor.	sa-ᵓakūnu ♂ mašġūlan / ♀ mašġūla.	سأكون ♂ مشغولا / ♀ مشغولة.

Höfliche Wendungen

Gefallen und Missfallen ausdrücken

Sehr gut!	ǧayyidun ǧiddan!	جيد جداً!
Ich bin sehr zufrieden!	ᵓanā mabṣūṭun ǧiddan!	أنا مبسوط جداً!
Großartig!	ᶜaẓīm!	عظيم!
Das gefällt mir.	hāḏā yuᶜǧibunī!	هذا يعجبني!
Sehr gerne.	bi-kulli surūr.	بكل سرور.
Das ist mir egal.	lā farq.	لا فرق.

Wie schade!	ḫasāra!	خسارة!
Ich würde lieber ...	ᵓufaḍḍilu ᵓan …	أفضلُ أن …
Das gefällt mir nicht.	hāḏā lā yuᶜǧibunī!	هذا لا يعجبني!
Das möchte ich lieber nicht.	lā ᵓawaddu ḏālik.	لا أودُ ذلك.
Das ist sehr ärgerlich.	hāḏā muġḍibun ǧiddan.	هذا مغضبٌ جداً.
Auf keinen Fall.	ᵓabadan.	أبداً.

Bitten und Danken

Vielen Dank.	šukran ǧazīlan.	شكراً جزيلاً.
Darf ich?	hal tasmaḥu lī?	هل تسمحُ لي؟
Bitte, ...	tafaḍḍal, …	تفضل، …
Danke, gerne.	šukran, bi-kulli surūr.	شكراً، بكلِّ سرور.
Nein, danke.	lā, šukran.	لا، شكراً.
Könnten Sie mir bitte helfen?	hal min al-mumkini ᵓan tusāᶜidanī min faḍlik?	هل من الممكنِ أن تساعدني من فضلك؟
Vielen Dank, das ist sehr nett von Ihnen.	šukran ǧazīlan, hāḏā laṭīfun ǧiddan mink.	شكراً جزيلا، هذا لطيفٌ جداً منك.

Vielen Dank für Ihre Mühe.	šukran ǧazīlan ᶜalā taᶜabik.	شكراً جزيلاً على تعبك.
Vielen Dank für Ihre Hilfe.	šukran ǧazīlan ᶜalā musāᶜadatik.	شكراً جزيلاً على مساعدتك.
Gern geschehen.	bi-kulli surūr.	بكل سرور.
Keine Ursache.	lā dāᶜī.	لا داعي.

Sich entschuldigen

Entschuldigen Sie!	maᶜḏiratan!	معذرةً!
Das tut mir Leid.	ᵓanā ᵓāsifun liḏālik.	أنا آسفٌ لذلك.
Macht nichts!	lam yaḥduṯ šayᵓ!	لم يحدث شيء!
Das ist mir sehr unangenehm.	ᵓanā murtabik.	أنا مرتبك.
Das war ein Missverständnis.	kāna hāḏā sūᵓa fahm.	كان هذا سوءَ فهم.

Weitere Wörter

Adresse	ᶜunwān	عنوان
allein	bi-mufradihi	بمفرده
Beruf	waẓīfa	وظيفة
bitte	tafaḍḍal	تفضل
Bruder	ᵓaḫ	أخ
einladen	yadᶜu	يدعو
erfreut	saᶜīd	سعيد
essen gehen	yaḏhabu ᵓilā l-maṭᶜām	يذهب إلى المطعام
Foto	ṣūra	صورة
Frau (Anrede)	sayyida	سيدة
Frau (Ehefrau)	zawǧa	زوجة
Freund	ṣadīq	صديق
Freundin	ṣadīqa	صديقة
Geschwister	ᵓuḫwa	أخوة
heißen; ich heiße	yusammā; ᵓismī	يسمّى؛ اسمي
Herr (Anrede)	sayyid	سيد
Junge	šāb	شاب
kennenlernen	yataᶜarrafu ᶜalā	يتعرّف على
Kind	ṭifl	طفل
kommen aus	yaᵓtī min	يأتي من
Land	balad	بلد
langsam	baṭīᵓ	بطئ
Mädchen	fatāt	فتاة

Mann (Ehemann)	zawğ	زوج
mögen	yuᶜğibu	يعجبُ
Mutter	ᵓumm	أم
Partner	šarīk	شريك
Partnerin	šarīka	شريكة
Schule	madrasa	مَدرسَة
Schwester	ᵓuḫt	أخت
Sohn	ᵓibn	إبن
sprechen	yataḥaddaṯu	يتحدثُ
Stadt	madīna	مدينة
Student	ṭālib	طالب
Studentin	ṭāliba	طالبة
studieren	yadrusu	يدرسُ
Tochter	ᵓibna	ابنة
Urlaub	ᶜuṭla	عطلة
Vater	wālid	والد
verheiratet	mutazawwiğ	متزوج
Verlobte	ḫaṭība	خطيبة
Verlobter	ḫaṭīb	خطيب
verstehen	yafhamu	يفهمُ
warten	yantaẓiru	ينتظرُ
wenig	qalīl	قليل
wiederholen	yukarriru	يكرر
wiederkommen	yaᶜūdu	يعود
wiedersehen	yarāhu ṯāniyatan	يراه ثانية

Übernachten

Zimmersuche

Wo ist die Touristen-information?	ᵓayna maktabu istiᶜlāmāti s-suyyāḥ? أين مكتبُ استعلاماتِ السياح؟
Wissen Sie, wo ich hier ein Zimmer finden kann?	hal taᶜlamu ᵓayna yumkinu ᵓan ᵓağida ġurfatan hunā? هل تعلمُ أين يمكنُ أن أجدَ غرفةً هنا؟
Können Sie mir … empfehlen?	hal min al-mumkini ᵓan tusdī lī naṣīḥatan ḥawla …? هل من الممكن أن تُسدي لي نصيحةً حول … ؟
– ein preiswertes Hotel	– funduqin ᵓasᶜāruhu munāsiba – فندقٍ أسعارهُ مناسبةٌ
– eine Pension	– bansyūn – بنسيون
– eine Privatunter-kunft	– makāni ᵓiqāmatin ḫāṣṣ – مكانِ إقامةٍ خاص
Wie viel kostet es (ungefähr)?	kam yatakallafu ḏālika (taqrīban)? كم يتكلفُ ذلك (تقريباً)؟
Können Sie für mich dort reservieren?	hal min al-mumkin ᵓan taḥğiza lī hunāk? هل من الممكن أن تحجزَ لي هناك؟
Ist es weit von hier?	hal hāḏā baᶜīdun min hunā? هل هذا بعيد من هنا؟
Wie komme ich dorthin?	kayfa yumkinunī l-wuṣūlu ᵓilā hunāk? كيف يمكنني الوصولُ إلى هناك؟

Ankunft

Für mich ist bei Ihnen ein Zimmer reserviert. Mein Name ist ...	tūğadu ḥuğratun maḥğūzatun bi-smī ladaykum. ᵓismī ... توجد حجرة محجوزة باسمي لديكم. اسمي ...
Haben Sie ein Doppelzimmer frei ...	hal ladaykum ġurfatun muzdawağğatun ḫāliyya ... هل لديكم غرفة مزدوجة خالية ...
Haben Sie ein Einzelzimmer frei ...	hal ladaykum ġurfatun fardiyyatun ḫāliyya ... هل لديكم غرفة فردية خالية ...
– für eine Nacht?	– li-muddati laylatin wāḥida? – لمدةِ ليلةٍ واحدةٍ؟
– für ... Nächte?	– li-muddati ... layla? – لمدة ... ليلة؟
– mit Bad?	– bi-ḥammām? – بحمّام ؟
– mit Dusche?	– bi-dušš? – بدش؟
– mit Balkon?	– bi-šurfa? – بِشُرفَة؟
– mit Klimaanlage?	– mukayyafati l-hawāᵓ? – مكيفة الهواء؟
– mit Ventilator?	– bi-hā mirwaḥatu hawāᵓ? – بها مروحة هواء؟
– mit Blick aufs Meer?	– tuṭillu ᶜalā l-baḥr? – تُطل على البحر ؟
– nach hinten hinaus?	– taqaᶜu fī l-ḫalf? – تقع في الخلف؟

Das könnten Sie hören:

Wir sind leider ausgebucht.
◂ li-l-ᵓasafi tamma ḥağzu ğamīᶜi l-ġurafi ladaynā.
للأسف تم حجز جميع الغرف لدينا.

Morgen wird ein Zimmer frei.
◂ ġadan sawfa taḫlū ġurfa.
غداً سوف تخلو غرفة.

Am ... wird ein Zimmer frei.
◂ yawmu … sawfa taḫlū ġurfa.
يوم ... سوف تخلو غرفة.

Wie viel kostet es ...
kam ṯamanu l-ᵓiqāmati …
كم ثمنُ الإقامةِ ...

– mit Frühstück? – tašmulu l-fuṭūr? – تشمل الفطور؟

– ohne Frühstück? – bi-dūni l-fuṭūr? – بدون الفطور؟

– mit Halbpension? – bi-wağbatayn? – بوجبتين؟

– mit Vollpension? – bi-ṯalāṯi wağabāt? – بثلاث وجبات؟

Gibt es eine Ermäßigung, wenn man ... Nächte bleibt?
hal hunāka taḫfīḍun fī ḥālati l-ᵓiqāmati li-ᶜadadi … layāli?
هل هناك تخفيض في حالة الإقامة لعدد ... ليال؟

Gibt es einen stufenlosen Eingang?
hal yūğadu madḫalun bi-dūn salālim?
هل يوجد مدخلٌ بدون سلالم؟

Kann ich mir das Zimmer ansehen?
hal min al-mumkini ᵓan ᵓuᶜāyina l-ġurfa?
هل من الممكن أن أعاين الغرفة؟

Könnten Sie ein Kinderbett aufstellen?
hal yumkinuka ᵓan turakiba sarīra ᵓaṭfāl?
هل يمكنك أن تركب سرير أطفال؟

Könnten Sie ein zusätzliches Bett aufstellen?	hal min al-mumkini ᵓan tuḥḍirū lī sarīran ᵓiḍāfiyyan? هل من الممكن أن تُحضِروا لي سريراً إضافياً؟
Haben Sie noch ein anderes Zimmer?	hal ladaykum ġurfatun ᵓuḫrā? هل لديكم غرفة أخرى؟
Es ist sehr schön. Ich nehme es.	ᵓinnahā ǧamīlatun ǧiddan. sawfa ᵓāḫuḏuhā. إنها جميلة جداً. سوف آخذها.
Könnten Sie mir das Gepäck aufs Zimmer bringen?	hal min al-mumkini ᵓan tanqilū ᵓamtiᶜatī ᵓilā l-ġurfa? هل من الممكنِ أن تنقلوا أمتعتي إلى الغرفة؟
Wo ist das Bad?	ᵓayna l-ḥammām? أين الحَمَّامُ؟
Gibt es WLAN auf den Zimmern?	hal tūǧadu fī l-ġurafi šabakatu ᵓintarnet lā-silkīya? هل توجد في الغرف شبكة إنترنت لاسلكية؟
Brauche ich ein Passwort?	hal ᵓaḥtāǧu ᵓilā kalimati l-murūr? هل أحتاج إلى كلمة المرور؟
Wo kann ich meinen Wagen abstellen?	ᵓayna yumkinunī ᵓīqāfu sayyāratī? أين يمكنني إيقافُ سيارتي؟
Wann gibt es Frühstück?	matā yakūnu l-fuṭūr? متى يكونُ الفطورُ؟

Wo ist der Speisesaal?
ᵓayna ġurfatu ṭ-ṭaᶜām?
أين غرفة الطعام؟

Wo ist der Frühstücksraum?
ᵓayna makānu tanāwuli l-fuṭūr?
أين مكان تناول الفطور ؟

Wo ist der nächste Fahrstuhl?
ᵓayna ᵓaqrabu miṣᶜad?
أينَ أقربُ مصعد؟

Gibt es eine Kinderbetreuung?
hal tūǧadu riᶜāyatun li-l-ᵓaṭfāl?
هل توجد رعاية للأطفال؟

Haben Sie ein Unterhaltungsprogramm für Kinder?
hal ladaykum barāmiǧu tasliyatin li-l-ᵓaṭfāl?
هل لديكم برامج تسلية للأطفال؟

Service

Könnten Sie uns bitte sagen, wo die nächste Bushaltestelle ist?
hal min al-mumkini ᵓan tuḫbiranā min faḍlik, ᵓayna tūǧadu ᵓaqrabu maḥaṭṭatu ᵓutūbīs?
هل من الممكن أن تخبرنا من فضلك،
أين توجد أقرب محطة أتوبيس؟

Wo können wir das Auto abstellen?
ᵓayna yumkinunā ᵓan nūqifa s-sayyāra?
أين يمكننا أن نوقف السيارة؟

Kann ich Ihnen meine Wertsachen zur Aufbewahrung geben?
hal min al-mumkini ᵓan ᵓuᶜṭīkum ᵓašyāᵓī ṯ-ṯamīnata li-taḥfaẓūhā lī?
هل من الممكن أن أعطيكم أشيائي
الثمينة لتحفظوها لي؟

Ich möchte meine Wertsachen abholen.	ᵓawaddu ᵓan ᵓastaridda ᵓašyāᵓī ṯ-ṯamīna.	أود أن أسترد أشيائي الثمينة.
Bitte den Schlüssel für Zimmer ...	min faḍlika miftāḥa l-ġurfati raqm ...	من فضلك مفتاحَ الغرفةِ رقم ...
Ist eine Nachricht für mich da?	hal hunāka rasāᵓilu lī?	هل هناك رسائلُ لي؟
Könnte ich bitte noch ... haben?	hal min al-mumkini ᵓan ᵓāḫuḏa ᵓayḍan ...	هل من الممكن أن آخذ أيضاً ...
– eine Decke	– ġiṭāᵓ?	– غطاءً؟
– ein Handtuch	– fūṭa?	– فُوطةً؟
– ein paar Kleiderbügel	– biḍᶜata šammāᶜāti malābis?	– بضعة شماعات ملابس؟
– ein Kopfkissen	– wisāda?	– وسادةً؟
Meine Tür lässt sich nicht abschließen.	bābu ġurfatī lā yanġaliq.	بابُ غرفتي لا ينغلق.
Das Fenster geht nicht auf.	an-nāfiḏatu lā tanfatiḥ.	النافذة لا تنفتح.
Das Fenster geht nicht zu.	an-nāfiḏatu lā tanġaliq.	النافذة لا تنغلق.
Es kommt kein (warmes) Wasser.	lā yūǧadu māᵓun (sāḫin).	لا يوجد ماء (ساخن).
Der Wasserhahn tropft.	ḥanafiyyatu l-māᵓi tunaqqiṭ.	حنفية الماء تنقّط.

... funktioniert nicht.	... lā ya^cmal.	... لا يعمل.
– Die Dusche	– ad-dušš	– الدُش
– Der Fernseher	– at-tilīfizyūn	– التليفزيون
– Die Heizung	– at-tadfi^ɔa	– التدفئة
– Der Internetanschluss	– tawṣīlatu l-^ɔintarnet	– توصيلة الإنترنت
– Die Klimaanlage	– ǧihāzu takyīfi l-hawā^ɔ	– جهاز تكييف الهواء
– Das Licht	– aḍ-ḍaw^ɔ	– الضوء
– Die Spülung	– as-sīfūn	– السيفون
Der Abfluss ist verstopft.	^ɔinsaddat al-ballā^ca.	انسدت البلاعة.
Die Toilette ist verstopft.	^ɔinsadda taṣrīfu l-ḥammām.	انسد تصريف الحمام.
... ist schmutzig.	... muttasiḫ.	... متسخ.

Abreise

Wecken Sie mich bitte (morgen früh) um ... Uhr.	min faḍlika ^ɔayqiẓnī (ġadan bākiran) fī tamāmi s-sā^cati	من فضلك أيقظني (غداً باكرا) في تمام الساعة ....
Wir reisen morgen ab.	sawfa nuġādiru ġadan.	سوف نغادر غداً.

Machen Sie bitte die Rechnung fertig.	ᵓarǧū ᵓan tuǧahhizū l-ḥisāb.	أرجو أن تُجَهِّزوا الحساب.
Es war sehr schön hier.	kānat al-ᵓiqāmatu ǧamīlatun ǧiddan hunā.	كانت الإقامة جميلة جداً هنا.
Kann ich mein Gepäck noch bis ... Uhr hier lassen?	hal min al-mumkini ᵓan ᵓatruka ᵓamtiᶜatī hunā ḥatta s-sāᵓati ...?	هل من الممكن أن أترك أمتعتي هنا حتى الساعة ... ؟
Rufen Sie bitte ein Taxi.	min faḍlika qum bi-ᵓiḥḍāri tāksī.	من فضلك قم بإحضار تاكسي.

Weitere Wörter

Anmeldung	tasǧīl	تسجيل
Anzahlung	ᶜarabūn	عربون
Appartement	šaqqa	شقَّة
Aschenbecher	miṭfaᵓatu s-saǧāᵓir	مطفأة السجائر
Aufzug	miṣᶜad	مِصعد
Badewanne	bānyū	بانيو
Beanstandung	šakwā	شكوى
behindertengerecht	muǧahazun li-l-muᶜāqīn	مجهزٌ للمعاقين
Bett	sarīr	سرير
Bettdecke	baṭāniyya	بطانية
Bettlaken	ᵓaġṭiyyatu l-martaba	أغطية المرتبة

Bettwäsche	ᵓaġṭiyyatu s-sarīr	أغطية السرير
bügeln	yakwī l-malābis	يكوي الملابس
Bungalow	šālee	شاليه
Doppelbett	sarīrun muzdawwiǧ	سرير مزدوج
Dusche	dušš	دُش
Einzelbett	sarīrun mufrad	سرير مفرد
Empfang	istiqbāl	استقبال
Etage	ṭābiq	طابق
Ferienhaus	manzilu qaḍāᵓi l-ᶜuṭlāt	منزل قضاء العطلات
Ferienwohnung	sakanu qaḍāᵓi l-ᶜuṭlāt	سكن قضاء العطلات
Foyer	bahw	بهو
Frühstücksbüfett	bufeh l-fuṭūr	بوفيه الفطور
Gaskartusche	ᵓunbūbatu ġāz	أنبوبة غاز
Geschirr	ᵓawānī ṭ-ṭaᶜām	أواني الطعام
Glas	kūbun zuǧāǧ	كوب زجاج
Glühbirne	lambatu ᵓiḍāᵓa	لمبة إضاءة
Hauptsaison	mawsimun raᵓīsī	موسم رئيسي
Hausverwaltung	ᵓidāratu l-funduq	إدارة الفندق
Herd	mawqid	موقد
Kaffeemaschine	mākīnatu ᵓiᶜdādi l-qahwa	ماكينة إعداد القهوة
Kamin	midfaᶜatun ḥaǧariyya	مدفأة حجرية
kaputt	muᶜaṭṭala	معطلة
Kaution	kafāla	كفالة

Kocher	ğihāzu tasḫīni l-māʾ	جهاز تسخين الماء
Kühlschrank	ṯallāğa	ثلاجة
Lampe	miṣbāḥ	مصباح
Leihgebühr	maṣārīfu l-ʾiʿāra	مصاريف الإعارة
Licht	ḍawʾ	ضوء
Matratze	martaba	مرتبة
Miete	mablaġu l-ʾīğār	مبلغ الإيجار
mieten	yastaʾğiru	يستأجر
Moskitonetz	nāmūsiyya	ناموسية
Mülleimer	ṣallatu l-qumāma	سلة القمامة
Nachsaison	nihāyatu l-mawsim	نهاية الموسم
Notausgang	maḫrağu ṭ-ṭawāriʾ	مخرجُ الطوارئ
Rechnung	ḥisāb	حساب
reservieren	yaḥğizu	يحجز
reserviert	maḥğūz	محجوز
Rezeption	istiqbāl	استقبال
Safe	makānu ḥifẓi l-ʾašyāʾi ṯ-ṯamīna	مكان حفظ الأشياء الثمينة
Schlafsaal	bahwu n-nawm	بهو النوم
Schlafsack	kīsu n-nawm	كيس النوم
Schlüssel	miftāḥ	مفتاح
schmutzig	muttasiḫ	مُتَّسخ
Schrank	dūlāb	دولاب
Sessel	kanaba	كنبة
Sicherung	miṣhar	مصهر

Spannung, elektrische	al-ǧahdu l-kahrabāʾī	الجهد، الكهربائي
Spiegel	mirʾāt	مرآة
Steckdose	barīza	بريزة
Stecker	fīša	فيشة
Stuhl	maqʿad	مقعد
Swimmingpool	ḥammāmu sibāḥa	حمام سباحة
Telefon	telīfūn	تليفون
Terrasse	at-terās	التراس
Tisch	minḍada	منضدة
Toilette	ḥammām	حَمَّام
Toilettenpapier	waraqu l-ḥammām	ورق الحمام
Trinkwasser	māʾu šurb	ماءُ شرب
Ventilator	mirwaḥa	مِروحة
Verlängerungskabel	kābilu t-tawṣīl	كابل التوصيل
Voranmeldung	tasǧīlun musbaq	تسجيلٌ مُسبق
Vorsaison	qabla l-mawsim	قبل الموسم
Waschbecken	ḥawḍu l-ġasl	حوض الغسل
waschen	yaġsilu	يغسل
Wäschetrockner	muǧaffifu l-malābis	مُجفف الملابس
Waschmaschine	ġassālatu l-malābis	غَسَّالة الملابس
Waschmittel	masḥūqu l-ġasīl	مسحوق الغسيل
Waschraum	ġurfatu l-ġasīl	غرفة الغسيل
Wasser	māʾ	ماء
Wasserhahn	ḥanafiyyatu l-māʾ	حنفية الماء
Zimmer	ġurfa	غرفة

Unterwegs

Fragen nach dem Weg

Entschuldigung, wo ist ...?	maᶜḏiratan, ᵓayna ...? معذرة، أين ... ؟
Wie komme ich nach/zu ...?	kayfa ᵓaṣilu ᵓilā ...? كيف أصل إلى ... ؟
Können Sie mir das bitte auf der Karte zeigen?	hal min al-mumkini ᵓan tuwaḍḍiḥa lī ḏālika ᶜalā l-ḫarīṭa? هل من الممكن أن توضح لي ذلك على الخريطة؟
Wie weit ist es?	kam yabᶜudu ḏālik? كم يبعد ذلك؟
Wie viele Minuten zu Fuß?	kam daqīqatin sayran ᶜalā l-ᵓaqdām? كم دقيقة سيراً على الأقدام؟
Wie viele Minuten mit dem Auto?	kam daqīqatin bi-s-sayyāra? كم دقيقة بالسيارة؟
Ist das die Straße nach ...?	hal hāḏā huwa š-šāriᶜu l-muᵓaddī ᵓilā ...? هل هذا هو الشارع المؤدي إلى ... ؟
Wie komme ich zur Autobahn nach ...?	kayfa ᵓaṣilu ᵓilā l-ᵓūtūstrād al-muᵓaddī ᵓilā ...? كيف أصل إلى الأوتوستراد المؤدي إلى ... ؟

Das könnten Sie hören:

Tut mir leid, das weiß ich nicht.	◂ᵓanā ᵓāsifun, lā ᵓaᶜlamu ḏālik. أنا آسف، لا أعلم ذلك.

Die erste Straße links.	◂ᵓawwalu šāriᶜin ᶜalā š-šimāl.	أول شارع على الشمال.
Die zweite Straße rechts.	◂ṯānī šāriᶜin ᶜalā l-yamīn.	ثاني شارع على اليمين.
An der nächsten Ampel …	◂ᶜinda ᵓawwali ᵓišārati murūr …	عند أول إشارة مرور …
An der nächsten Kreuzung …	◂ᶜinda ᵓawwali taqāṭuᶜ …	عند أول تقاطع …
Überqueren Sie den Platz.	◂ᵓuᶜburi l-maidān.	أعبر الميدان.
Dann fragen Sie noch einmal.	◂ṯumma asᵓal ṯānīyatan	ثم اسأل ثانية.
Sie können den Bus nehmen.	◂min al-mumkini ᵓan taᵓḫuḏa l-ᵓutūbīs.	من الممكن أن تأخذ الأتوبيس.
Sie können die U-Bahn nehmen.	◂min al-mumkini ᵓan taᵓḫuḏa l-mitrū.	من الممكن أن تأخذ المترو.

Orts- und Richtungsangaben

dort	hunāk	هناك
dort hinten	ᵓilā hunāk	إلى هناك
gegenüber	muqābil	مقابل
geradeaus	ᵓilā l-ᵓamām	إلى الأمام
hier	hunā	هنا

hier entlang	hunā ᶜalā hāḏā l-ᵓimtidād	هنا على هذا الامتداد
hinter	ḫalfa	خلف
(nach) links	(ᵓilā) l-yasār	(إلى) اليسار
Kreuzung	taqāṭuᶜ	تقاطع
Kurve	munḥanā	منحنى
nahe bei	bi-lqurbi min	بالقرب من
neben	bi-ǧiwār	بجوار
nicht weit	laysa baᶜīdan	ليس بعيداً
(nach) rechts	(ᵓilā) l-yamīn	(إلى) اليمين
Straße	šāriᶜ	شارع
vor	ᵓamāma	أمام
ziemlich weit	baᶜīdun ᵓilā ḥaddin mā	بعيدٌ إلى حد ما
zurück	ᵓilā l-ḫalf	إلى الخلف

Einreise

Passkontrolle

Ihren Pass, bitte!
ǧawāza s-safari, min faḍlik!
جواز السفر، من فضلك!

Haben Sie ein Visum?
hal maᶜaka taᵓšīratu duḫūl?
هل معك تأشيرة دخول؟

Reisen Sie alleine?
hal tusāfiru bi-mufradik?
هل تسافر بمفردك؟

Ich gehöre zu der Reisegesellschaft ...	ᵓanā tābiᶜun li-š-šarikati s-siyāḥiyya ... أنا تابعٌ للشركة السياحية ...
Kann ich hier ein Visum bekommen?	hal min al-mumkini ᵓan ᵓaḥṣula ᶜalā t-taᵓšīrati hunā? هل من الممكن أن أحصل على التأشيرة هنا؟
Was kostet das Visum?	kam tatakallafu t-taᵓšīra? كم تتكلف التأشيرة؟

Zoll

Haben Sie etwas zu verzollen?	hal maᶜaka šayᵓun ḫāḍiᶜun li-r-rusūmi l-ǧumrukiyya? هل معك شيءٌ خاضعٌ للرسوم الجمركية؟
Öffnen Sie bitte diesen Koffer / diese Tasche.	ᵓiftaḥi l-ḥaqībata/š-šanṭata min faḍlik! إفتح الحقيبة/الشنطة من فضلك؟
Ich habe nichts zu verzollen.	laysa maᶜī šayᵓun ḫāḍiᶜun li-r-rusūmi l-ǧumrukiyya. ليس معي شيءٌ خاضعٌ للرسوم الجمركية.

Weitere Wörter

abgelaufen	ᵓintahat muddatu ṣalāḥiyyatuhu	انتهت مدة صلاحيته
Ausfuhr	taṣdīr	تصدير
Einfuhr	ᵓistīrād	استيراد
Einreise	duḫūlu l-bilād	دخول البلاد
Familienname	ismu l-ᶜāᵓila	اسم العائلة
Führerschein	ruḫṣatu qiyāda	رخصة قيادة
genehmigungs-pflichtig	mustawğibu t-taṣrīḥ	مستوجب التصريح
Grenzübergang	madḫalu l-ḥudūd	مدخل الحدود
gültig bis	sārī ḥattā	ساري حتى
Impfpass	šahādatu taṭᶜīm	شهادة تطعيم
internationaler Führerschein	ruḫṣatu qiyādatin dawliyya	رخصة قيادة دولية
Kinderausweis	biṭāqatun šaḫṣiyyatun li-lᵓaṭfāl	بطاقة شخصية للأطفال
Passkontrolle	at-taftīšu ᶜalā l-ğawāzāt	التفتيش على الجوازات
Personalausweis	ᵓiṯbātu š-šaḫṣiyya	إثبات الشخصية
Reisepass	ğawāzu safar	جواز سفر
Staatsangehörigkeit	ğinsiyya	جنسية
Tollwut	suᶜār	سُعار
Vorname	al-ᵓism	الاسم
Zoll	ğumruk	جمرك
Zollkontrolle	taftīšun ğumrukī	تفتيش جمركي

Gepäck

Ich möchte mein Gepäck hier lassen.	ᵓawaddu tarka ᵓamtiᶜatī hunā.	أود ترك أمتعتي هنا.
Ich möchte mein Gepäck abholen.	ᵓawaddu ḏ-ḏahābā li-ᵓiḥḍāri ᵓamtiᶜatī.	أود الذهاب لإحضار أمتعتي.
Mein Gepäck ist (noch) nicht angekommen.	lam taṣil ᵓamtiᶜatī (baᶜd).	لم تصل أمتعتي (بعد).
Wo ist mein Gepäck?	ᵓayna ᵓamtiᶜatī?	أين أمتعتي؟
Mein Koffer ist beschädigt worden.	taḍarrarat ḥaqībatī.	تضررت حقيبتي.
An wen kann ich mich wenden?	ᵓilā man yumkinu ᵓan ᵓaḏhab?	إلى من يمكن أن أذهب؟

Weitere Wörter

Gepäckaufbewahrung	mustawdaᶜu l-ᵓamānāt	مستودع الأمانات
Handgepäck	ḥaqāᵓib yad	حقائب يد
Kinderwagen	ᶜarabatu ᵓaṭfāl	عربة أطفال
Reisetasche	šanṭatu safar	شنطة سفر
Rucksack	ḥaqībatu ẓ-ẓahr	حقيبة الظهر
Schließfach	ṣundūqu l-ᵓamānāt	صندوق أمانات
Seesack	ḥaqībatu l-baḥḥār	حقيبة البحار
Tasche	šanṭa	شنطة
Übergepäck	ḥaqāᵓibu ziyāda	حقائب زيادة

Flugzeug

Wo ist der Schalter der Fluggesellschaft …?	ᵓayna šubbāku šarikati ṭ-ṭayarān …?	أين شباك شركة الطيران ... ؟
Sind noch Plätze frei?	hal mā tazālu tūǧadu ᵓamākinu šāġira?	هل ما تزال توجد أماكن شاغرة؟
Wie viel kostet ein Flug nach …?	kam tatakallafu taḏkaratu ṭ-ṭayarāni ᵓilā …?	كم تتكلف تذكرة الطيران إلى ... ؟
Bitte ein Flugticket …	taḏkaratun min faḍlik …	تذكرةٌ من فضلك ...
– einfach.	– ḏahābun faqaṭ.	– ذهاب فقط.
– hin und zurück.	– ḏahābun wa-ᶜawda.	– ذهاب وعودة.
– Economy class.	– daraǧatun ṯāniya.	– درجة ثانية.
– Business class.	– daraǧatu riǧāli l-ᵓaᶜmāl.	– درجة رجال الأعمال.
Ich möchte …	ᵓawaddu …	أود ...
– meinen Flug rückbestätigen lassen.	– taᵓkīda l-ḥaǧzi ᶜalā r-riḥla.	– تأكيد الحجز على الرحلة.
– meinen Flug stornieren.	– ᵓilġāᵓa r-riḥla.	– إلغاء الرحلة.
– meinen Flug umbuchen.	– taḥwīla l-ḥaǧz.	– تحويل الحجز.

Ich hätte gerne einen Fensterplatz.
ᵓawaddu makānan ᶜalā n-nāfiḏa.
أود مكاناً على النافذة.

Ich hätte gerne einen Gangplatz.
ᵓawaddu makānan ᶜalā l-mamarr.
أود مكاناً على الممر.

Weitere Wörter

Abflug	ᵓiqlāᶜ	إقلاع
Ankunft	wuṣūl	وصول
Anschlussflug	riḥla mulḥaqa	رحلة ملحقة
Ausgang	ḫurūǧ	خروج
Bordkarte	biṭāqatu l-ᵓirkāb	بطاقة الإركاب
Flughafen	maṭār	مطار
Flughafenbus	ᵓutūbīsu l-maṭār	أتوبيس المطار
Flughafengebühr	rusūmu l-maṭār	رسوم المطار
Flugzeit	muddatu r-riḥla	مدة الرحلة
Flugzeug	ṭāᵓira	طائرة
Landung	hubūṭ	هبوط
Ortszeit	tawqītun maḥallī	توقيت محلي
Pilot	ṭayyār	طيار
Rückflug	riḥlatu l-ᶜawda	رحلة العودة
Schalter	šubbāk	شباك
Spucktüte	kīsu t-taqayᵓ	كيس التقيؤ
Ticket	taḏkara	تذكرة
Verspätung	taᵓḫīr	تأخير
Zwischenlandung	trānzīt	ترانزيت

Zug

Auskunft und Fahrkarten

Wo finde ich die Gepäckaufbewahrung?	ᵓayna yūǧadu mustawdaᶜu l-ᵓamānāt? أين يوجد مستودع الأمانات؟
Wo finde ich die Schließfächer?	ᵓayna yūǧadu ṣundūqu l-ᵓamānāt? أين يوجد صندوق الأمانات؟
Wann fährt ein Zug nach ...?	matā yasīru l-qiṭāru ᵓilā …? متى يسير القطار إلى ... ؟
Wann fährt der nächste Zug nach ...?	matā yasīru l-qiṭāru t-tālī ᵓilā …? متى يسير القطار التالي إلى ... ؟
Wann ist er in ...?	matā sa-yaṣilu ᵓilā …? متى سيصل إلى ... ؟
Muss ich umsteigen?	hal yağibu ᵓan ᵓuġayyir? هل يجب أن أغيِّر؟
Von welchem Gleis fährt der Zug nach ... ab?	min ᶜalā ᵓayyi raṣīfin yasīru l-qiṭāru ᵓilā …? من على أي رصيفٍ يسير القطارُ إلى ... ؟
Was kostet eine Fahrkarte nach ...?	kam tatakallafu t-taḏkaratu ᵓilā …? كم تتكلف التذكرة إلى ... ؟
Gibt es eine Ermäßigung für ...?	hal yūǧadu taḫfīḍun li- …? هل يوجد تخفيض لـ ... ؟

Bis zu welchem Alter fahren Kinder umsonst?	ḥattā ᵓayya sinnin yusmaḥu li-l-ᵓaṭfāli bi-s-safari maǧǧānan?	حتى أي سن يسمح للأطفال بالسفر مجانا؟
Nach ... bitte eine Karte ...	ᵓilā … min faḍlik taḏkara …	إلى … من فضلك تذكرة …
Nach ... bitte zwei Karten ...	ᵓilā … min faḍlik taḏkaratayn …	إلى … من فضلك تذكرتين …
– einfach.	– ḏahābun faqaṭ.	– ذهابٌ فقط.
– hin und zurück.	– ḏahābun wa-ᵓīyāb.	– ذهابٌ وإياب.
– erster Klasse.	– daraǧatun ᵓūlā.	– درجة أولى.
– zweiter Klasse.	– daraǧatun ṯāniya.	– درجة ثانية.
– für Kinder.	– li-l-ᵓaṭfāl	– للأطفال.
Bitte eine Platzkarte für den Zug um ... Uhr nach ...	taḏkaratu ḥaǧzin ᶜalā qiṭāri s-sāᶜati … ᵓilā … min faḍlik.	تذكرة حجز على قطار الساعة … إلى … من فضلك.
Ich hätte gerne einen Platz ...	ᵓawaddu makānan …	أود مكاناً …
– im Großraumwagen.	– fī ᶜarabatin ᶜādiyya.	– في عربة عادية.
– im Abteil.	– fī l-maqṣūra.	– في المقصورة.
– am Fenster.	– bi-ǧiwāri n-nāfiḏa.	– بجوار النافذة.
– am Gang.	– bi-ǧiwāri l-mamarr.	– بجوار الممر.

Kann man im Zug etwas zu essen und zu trinken kaufen?	hal min al-mumkini širāᶜu ṭaᶜāmin ᵓaw šarābin fī l-qiṭār? هل من الممكن شراءُ طعام أو شراب في القطار؟
Ich möchte mein Fahrrad mitnehmen.	ᵓawaddu ᵓan ᵓāḫuḏa darrāǧatī maᶜī. أود أن آخذ درّاجتي معي.

Im Zug

Ist dies der Zug nach ...?	hal hāḏā huwa l-qiṭāru l-musāfiru ᵓilā ...? هل هذا هو القطار المسافر إلى ... ؟
Könnten Sie mir bitte beim Einsteigen helfen?	hal min al-mumkini ᵓan tusāᶜidanī fī r-rukūbi min faḍlik? هل من الممكن أن تساعدني في الركوبِ من فضلك؟
Könnten Sie mir bitte beim Aussteigen helfen?	hal min al-mumkini ᵓan tusāᶜidanī fī n-nuzūli min faḍlik? هل من الممكن أن تساعدني في النزولِ من فضلك؟
Ist dieser Platz frei?	hal hāḏā l-makānu šāġir? هل هذا المكان شاغر؟
Entschuldigen Sie, das ist mein Platz.	maᶜḏiratan, hāḏā makānī. معذرة، هذا مكاني.
Können Sie mir bitte helfen?	hal min al-mumkini ᵓan tusāᶜidanī? هل من الممكن أن تساعدني؟

Darf ich das Fenster öffnen?	hal tasmaḥu lī ᵓan ᵓaftaḥa n-nāfiḏa?	هل تسمح لي أن أفتح النافذة؟
Darf ich das Fenster schließen?	hal tasmaḥu lī ᵓan ᵓuġliqa n-nāfiḏa?	هل تسمح لي أن أغلق النافذة؟
Wie viele Stationen sind es noch bis ...?	kam maḥaṭṭatin mutabaqqiyyatin ḥattā ...?	كم محطة متبقية حتى ... ؟
Wie lange haben wir Aufenthalt?	mā muddatu t-tawaqquf?	ما مدة التوقف؟
Erreiche ich den Zug nach ... noch?	hal sa-ᵓalḥaqu bi-l-qiṭāri l-musāfiri ᵓilā ...?	هل سألحق بالقطار المسافر إلى... ؟

Weitere Wörter

Abfahrt	qiyām	قيام
Abteil	maqṣūra	مقصورة
ankommen	yaṣilu	يصل
Ankunft	wuṣūl	وصول
Anschluss	mulḥaq	ملحق
Ausgang	ḫurūǧ	خروج
aussteigen	nazala	نزلَ
Bahnhof	maḥaṭṭatu l-qiṭārāt	محطة القطارات
Bahnsteig	raṣīfu l-maḥaṭṭa	رصيف المحطة

besetzt (Platz)	maḥǧūz	محجوز
besetzt (WC)	mašġūl	مشغول
einsteigen	yarkabu	يركب
Fahrplan	ǧadwalu mawāᶜidi s-safar	جدول مواعيد السفر
Fahrpreis	siᶜru t-taḏkara	سعر التذكرة
Fensterplatz	makānun bi-ǧiwāri n-nāfiḏa	مكان بجوار النافذة
Gepäckwagen	ᶜarabatu šaḥni l-ᵓamtiᶜa	عربة شحن الأمتعة
Gleis	raṣīfu l-maḥaṭṭa	رصيف المحطة
Klasse	daraǧa	درجة
Liegewagen	ᶜarabatu iḍṭiǧāᶜ	عربة اضطجاع
Nichtraucherabteil	maqṣūratu ġayri l-mudaḫḫinīn	مقصورة غير المدخنين
Raucherabteil	maqṣūratu l-mudaḫḫinīn	مقصورة المدخنين
reserviert	maḥǧūz	محجوز
Schaffner	kumsārī	كمساري
Schlafwagen	ᶜarabatu nawm	عربة نوم
Speisewagen	ᶜarabatu l-maṭᶜam	عربة المطعم
umsteigen	yuġayyiru l-muwāṣala	يغير المواصلة
Waggon	ᶜarabatu sikkati l-ḥadīd	عربة سكة الحديد
Zuschlag	farqu t-taḏkara	فرق التذكرة

Fernbus

Wie komme ich zum Busbahnhof?	kayfa ᵓaṣilu ᵓilā maḥaṭṭati l-ᵓutūbīs?	كيف أصل إلى محطة الأتوبيس؟
Wann fährt der nächste Bus nach ... ab?	matā yanṭaliqu l-ᵓutūbīsu t-tālī ᵓilā ...?	متى ينطلق الأتوبيس التالي إلى ... ؟
Bitte eine Karte nach ...	taḏkara ᵓilā ... min faḍlik.	تذكرة إلى ... من فضلك.
Bitte zwei Karten nach ...	taḏkaratayni ᵓilā ... min faḍlik.	تذكرتين إلى ... من فضلك.
Wie lange dauert die Fahrt?	mā muddatu r-riḥla?	ما مدة الرحلة؟
Wie lange haben wir Aufenthalt?	mā hiya muddatu t-tawaqquf?	ما هي مدة التوقف؟
Ist ... die Endhaltestelle?	hal ... hiya ᵓāḫiru maḥaṭṭa?	هل ... هي آخر محطة؟
Sagen Sie mir bitte, wo ich aussteigen muss?	ᵓaḫbirnī min faḍlik, ᵓayna yağibu ᵓan ᵓanzil?	أخبرني من فضلك، أين يجب أن أنزل؟

Info

Je nach gebuchter Komfortklasse werden im Bus häufig kleine Erfrischungen angeboten und arabische Filme gezeigt. In der Regel werden kurze Erfrischungspausen eingelegt. Bei Nachtfahrten empfiehlt es sich, warme Kleidung mitzunehmen, da die Klimaanlage meistens nicht ausgeschaltet wird.

Schiff

Auskunft und Buchung

Wann fährt das nächste Schiff nach ... ab?	matā tusāfiru s-safīnatu t-tāliyyatu ʾilā ...? متى تسافر السفينة التالية إلى ... ؟
Wann fährt die nächste Fähre nach ... ab?	matā yusāfiru l-markabu t-tāliyy ʾilā ...? متى يسافر المركب التالي إلى ... ؟
Wie lange dauert die Überfahrt nach ...?	mā muddatu r-riḥlati l-baḥriyyati ʾilā ...? ما مدة الرحلة البحرية إلى ... ؟
Wann legen wir in ... an?	matā narsū fī ...? متى نرسو في ... ؟
Wann müssen wir an Bord sein?	matā yağibu ʾan nakūna ʿalā matni s-safīna? متى يجب أن نكون على متن السفينة؟
Ich möchte eine Schiffskarte erster Klasse nach ...	ʾurīdu taḏkaratan baḥriyyatan darağatan ʾūlā ʾilā ... أريد تذكرة بحرية درجة أولى إلى ...
Ich möchte eine Schiffskarte Touristenklasse nach ...	ʾurīdu taḏkaratan baḥriyyatan darağatan siyāḥiyya ʾilā ... أريد تذكرة بحرية درجة سياحية إلى ...

Ich möchte ...	ᵓarġabu fī ...	أرغبُ في ...
– eine Einzelkabine.	– kābīnatin li-šaḫṣin wāḥid.	– كابينةٍ لشخصٍ واحد.
– eine Zweibett-kabine.	– kābīnatin li-šaḫṣayn.	– كابينةٍ لشخصين.
– eine Außenkabine.	– kābīnatin ḫāriğiyya.	– كابيةٍ خارجية.
– eine Innenkabine.	– kābīnatin dāḫiliyya.	– كابينةٍ داخلية.
Ich möchte eine Karte für die Rund-fahrt um ... Uhr.	ᵓawaddu taḏkaratan li-ğawlati s-sāᶜati	أود تذكرةً لجولة الساعة ....
An welcher Anlege-stelle liegt die ...?	ᶜalā ᵓayi marsā taqafu ...?	على أي مرسى تقف ... ؟

An Bord

Ich suche die Kabine Nummer ...	ᵓabḥaṯu ᶜan kābīnatin raqm ...	أبحث عن كابينةٍ رقم ...
Kann ich eine andere Kabine bekommen?	hal min al-mumkini ᵓan ᵓāḫuḏa kābīnatan ᵓuḫrā?	هل من الممكن أن آخذ كابينة أخرى؟
Haben Sie ein Mittel gegen Seekrankheit?	hal ladayka ᶜilāğun li-duwāri l-baḥr?	هل لديك علاجٌ لدوار البحر؟

Weitere Wörter

Autofähre	ᶜabbāratun li-naqli s-sayyārāt	عبارة لنقل السيارات
Deck	matnu s-safīna	متن السفينة
Decke	ġiṭāᵓ	غطاء
Kapitän	kāptin	كابتن
Klimaanlage	takyīfu l-hawāᵓ	تكييف الهواء
Kreuzfahrt	riḥlatun siyāḥiyya	رحلةٌ سياحية
Küste	sāḥil	ساحل
Landausflug	nuzha	نزهة
Liegestuhl	kursīyu iḍṭiǧāᶜ	كرسي اضطجاع
Luftkissenboot	hawwāma	حوامة
Meer	baḥr	بحر
Rettungsboot	qāribu n-naǧāt	قارب النجاة
Rettungsring	ṭawqu n-naǧāt	طوق النجاة
Rundfahrt	ǧawla	جولة
Schiffsagentur	wikālatu s-sufun	وكالة السفن
Schiffsarzt	ṭabību s-safīna	طبيب السفينة
Schwimmweste	sutratu n-naǧāt	سترة النجاة
Seegang	irtifāᶜu l-mawǧ	ارتفاع الموج
seekrank	muṣābun bi-duwāri l-baḥr	مصابٌ بدوارِ البحر
Speisesaal	qāᶜatu ṭ-ṭaᶜām	قاعة الطعام
Steward	muḍīf	مضيف
Überfahrt	riḥlatun baḥriyya	رحلة بحرية

Auto, Motorrad

Vermietung

Ich möchte ... mieten.	ᵓawaddu taᵓǧīra …	أودُّ تأجير ...
– ein Auto (mit Automatik)	– sayyāratan (bi-muḥawwili surᶜatin ᵓūtūmātīkī).	– سيارة (بمحول سرعة أوتوماتيكي).
– einen Geländewagen	– sayyārata ǧīb.	– سيارة جيب.
– ein Motorrad	– darrāǧatan buḫāriyya.	– دراجةً بخارية.
Ich möchte es für ... mieten.	ᵓawaddu ᵓan ᵓuᵓaǧiruhā li- …	أود أن أؤجرها لـ ...
– morgen	– ġad.	– غد.
– einen Tag	– yawm.	– يوم.
– zwei Tage	– yawmayn.	– يومين.
– eine Woche	– ᵓusbūᶜ.	– أسبوع.
Ich hätte gern einen Wagen mit Navi.	kuntu ᵓawaddu sayyāratan muǧahhazatan bi-niẓāmi l-milāḥa.	كنت أودّ سيّارة مجهّزة بنظام الملاحة.
Wie viel kostet das?	kam yatakallafu ḏālik?	كم يتكلف ذلك؟
Wie viele Kilometer sind im Preis enthalten?	kam kilūmitr yašmaluhā s-siᶜr?	كم كيلومتر يشملها السعر؟

Welchen Treibstoff braucht das Auto?	mā nawᶜu l-waqūdi l-laḏī taḥtāğuhu s-sayyāra?	ما نوع الوقود الذي تحتاجه السيارة؟
Ist eine Vollkasko-versicherung eingeschlossen?	hal yūğadu taᵓmīnun šāmilun ᶜalā s-sayyāra?	هل يوجد تأمينٌ شاملٌ على السيارة؟
Kann ich das Auto auch in ... abgeben?	hal ᵓastaṭīᶜu taslīma s-sayyārati ᵓayḍan fī ...?	هل أستطيع تسليم السيارة أيضا في ... ؟
Bis wann muss ich zurück sein?	ḥattā matā yağibu ᵓan ᵓaᶜūd?	حتى متى يجب أن أعود؟
Haben Sie für den Leihwagen auch einen Kinderauto-sitz?	hal yūğadu ᶜindakum li-sayārati t-tᵓağīri maqᶜadu ᵓaṭfāl?	هل يوجد عندكم لسيارة التأجير مقعد أطفال؟
Bitte geben Sie mir auch einen Sturz-helm.	ᵓaᶜṭinī ᵓayḍan ḫūḏatan wāqiyyatan min faḍlik.	أعطني أيضا خوذة واقية من فضلك.

An der Tankstelle

Wo ist die nächste Tankstelle?	ᵓayna ᵓaqrabu maḥaṭṭati l-banzīn?	أين أقرب محطة البنزين؟
Bitte volltanken.	ᵓimlaᵓ ḫazzāna l-waqūdi kāmilan min faḍlik.	املأ خزان الوقود كاملاً من فضلك.
Bitte ...	min faḍlika ...	من فضلك ...
– Benzin bleifrei.	– banzīn ḫālin min ar-raṣāṣ.	– بنزين خال من الرصاص.
– Super bleifrei.	– banzīn sūbar ḫālin min ar-raṣāṣ.	– بنزين سوبر خالٍ من الرصاص.
– Super verbleit.	– banzīn sūbar muḥtawin ᶜalā r-raṣāṣ.	– بنزين سوبر محتو على الرصاص.
– Diesel.	– dīzil	– ديزل
– Zweitaktmischung.	– ḫalīṭin min ad-daraǧati ṯ-ṯāniyya.	– خليط من الدرجة الثانية.
Ich möchte 1 Liter Öl.	ᵓurīdu litran min az-zayt.	أريد لتراً من الزيت.
Bitte einen Ölwechsel.	taġyīru z-zayti min faḍlik.	تغيير الزيت من فضلك.

Info

In manchen arabischen Ländern kann es schwierig werden, bleifreien Kraftstoff zu finden. Bitte erkundigen Sie sich vor Ihrer Einreise nach vorhandenen Tankstellen.

Panne

Ich habe kein Benzin mehr.	lam yaᶜud ladayya banzīn.	لم يعد لدي بنزين.
Ich habe eine Reifenpanne.	ladayya ᶜuṭlun fī l-ᵓiṭārāṭ.	لدي عُطل في الإطارات.
Ich habe eine Motorpanne.	ladayya ᶜuṭlun fī l-muḥarrik.	لدي عُطل في المحرك.
Können Sie mir Starthilfe geben?	hal yumkinuka ᵓan tusāᶜidanī ᶜalā tašġīli l-muḥarrik?	هل يمكنك أن تساعدني على تشغيل المحرك؟
Könnten Sie mich ein Stück mitnehmen?	hal yumkinuka ᵓan taᵓḫuḏanī maᶜaka li-masāfatin qaṣīra?	هل يمكنك أن تأخذني معك لمسافة قصيرة؟
Könnten Sie …	hal yumkinuka …	هل يمكنك …
– meinen Wagen abschleppen?	– ᵓan taǧurra sayyāratī?	– أن تجر سيارتي؟
– mir einen Abschleppwagen schicken?	– ᵓan tursila lī sayyārata l-ǧarr?	– أن ترسل لي سيارة الجر؟
Können Sie mir bitte … leihen?	hal yumkinuka ᵓan tuᶜīranī min faḍlika …?	هل يمكنك أن تعيرني من فضلك … ؟

Unfall

Rufen Sie bitte schnell …	ᵓuṭlub … sarīᶜan min faḍlik!	أطلب ... سريعا من فضلك!
– einen Krankenwagen!	– sayyārata l-ᵓisᶜāf	– سيارة إسعاف
– die Polizei!	– aš-šurṭa	– الشُرطة
– die Feuerwehr!	– al-ᵓiṭfāᵓīya	– الإطفائية
Es ist ein Unfall passiert!	waqaᶜa ḥādiṯ!	وقع حادث!
… Personen sind (schwer) verletzt.	… ᵓašḫāṣin muṣābūn (ᵓiṣābāṭin ḫaṭira).	... أشخاص مصابون (إصابات خطيرة).
Bitte helfen Sie mir.	sāᶜidnī min faḍlik.	ساعدني من فضلك.
Ich brauche Verbandszeug.	ᵓaḥtāǧu ᵓadawāti t-taḍmīd.	أحتاج أدوات التضميد.

Info

Den Unfallrettungsdienst (ḫidmatu l-ᵓisᶜāf), die Polizei (aš-šurṭa) und die Feuerwehr (al-ᵓiṭfāᵓīya) erreicht man in den meisten arabischen Ländern telefonisch. Angaben über die jeweiligen Rufnummern und über die Fälle, in denen eine Inanspruchnahme des entsprechenden Dienstes per Notruf überhaupt sinnvoll ist, entnimmt man am besten den einschlägigen Reiseführern für das jeweilige Land.

Es ist nicht meine Schuld.	laysa ḏanbī.	ليس ذنبي.
Ich möchte, dass wir die Polizei holen.	ᵓurīdu ᵓan nastadᶜiya š-šurṭa.	أريد أن نستدعي الشرطة.
Ich hatte Vorfahrt.	kāna min ḥaqqī ᵓawlawiyyatu l-murūr.	كان من حقي أولوية المرور.
Sie sind zu dicht aufgefahren.	kunta taqūdu s-sayyārata ḫalfī ᶜalā masāfatin qarībatin li-l-ġāya.	كنت تقود السيارة خلفي على مسافة قريبة للغاية.
Sie sind zu schnell gefahren.	kunta taqūdu s-sayyārata bi-surᶜatin ǧunūniyya.	كنتَ تقود السيارة بسرعة جنونية.
Bitte geben Sie mir Ihren Namen und Ihre Adresse.	ᵓaᶜṭinī ᵓismaka wa-ᶜunwānaka min faḍlik.	أعطني اسمك وعنوانك من فضلك.
Bitte geben Sie mir Ihre Versicherung und Ihre Versicherungsnummer.	ᵓaᶜṭinī ᵓisma šarikati t-taᵓmīni wa-raqmaka t-taᵓmīniyya min faḍlik.	أعطني اسم شركة التأمين ورقمك التأميني من فضلك.
Können Sie eine Zeugenaussage machen?	hal yumkinuka ᵓan tuᵓaddiya š-šahāda?	هل يمكنك أن تؤدي الشهادة؟

In der Werkstatt

Wo ist die nächste Werkstatt?	ᵓayna ᵓaqrabu warša?	أين أقرب ورشة؟
Mein Wagen steht Richtung ...	sayyāratī taqafu fī ᵓittiğāhi ...	سيارتي تقف في اتجاه ...
Können Sie ihn abschleppen?	hal yumkinuka ğarrahā?	هل يمكنك جرها؟
Können Sie mal nachsehen?	hal yumkinuka muᶜāyanatihā?	هل يمكنك معاينتها؟
Die Bremse funktioniert nicht.	al-farāmilu lā taᶜmal.	الفرامل لا تعمل.
Der Blinker funktioniert nicht.	ᵓišārātu taġīyyri l-ᵓittiğāhi lā taᶜmal.	إشارات تغيير الاتجاه لا تعمل.
Mein Auto springt nicht an.	sayyāratī lā tadūr.	سيارتي لا تدور.
Die Batterie ist leer.	al-baṭṭāriyya fāriġa.	البطارية فارغة.
Der Motor klingt merkwürdig.	al-muḥarriku yuṣdiru ṣawṭan ġarīban.	المحرك يُصدر صوتا غريباً.
Der Motor zieht nicht.	al-muḥarriku lā yastağību.	المحرك لا يستجيب.

Kann ich mit dem Auto noch fahren?	hal yumkinunī ᵓan ᵓuwāṣila s-sayra bi-s-sayyāra?	هل يمكنني أن أواصل السير بالسيارة؟
Machen Sie bitte nur die nötigsten Reparaturen.	qum bi-ᶜamali ᵓahammi l-ᵓiṣlāḥāti faqaṭ min faḍlik.	قم بعمل أهم الإصلاحات فقط من فضلك.
Wie viel wird die Reparatur ungefähr kosten?	kam tatakallafu l-ᵓiṣlāḥātu taqrīban?	كم تتكلف الإصلاحات تقريباً؟
Wann ist es fertig?	matā tantahī?	متى تنتهي؟

Weitere Wörter

Abschleppseil	ḥablu l-ğar	حبل الجر
Abschleppwagen	sayyāratu l-ğarr	سيارة الجر
Achse	miḥwar	محور
Anlasser	musāᶜidun li-d-dawarāni l-muḥarrik	مساعد لدوران المحرك
Auffahrunfall	ḥādiṯu taṣādum	حادث تصادم
Auspuff	māsūratu l-ᶜādim	ماسورة العادم
auswechseln	yastabdilu	يستبدل
Auto fahren	yaqūdu s-sayyāra	يقود السيارة
Autobahnauffahrt	madḫalu ṭ-ṭarīqi s-sarīᶜ	مدخل الطريق السريع

Autoschlüssel	miftāḥu s-sayyāra	مفتاح السيارة
Benzinkanister	ṣafīḥatu l-banzīn	صفيحةالبنزين
Bremsflüssigkeit	zaytu l-farāmil	زيت الفرامل
Bremslicht	ḍawᵓu l-farāmil	ضوء الفرامل
Dichtung	ğilba	جِلبة
Draht	silk	سلك
Ersatzreifen	ᵓiṭārun badīl	إطار بديل
Ersatzteil	qiṭᶜatu ġiyār	قطعة غيار
fahren	yaqūdu s-sayyāra	يقود السيارة
Feuerlöscher	miṭfaᵓatu l-ḥarīq	مطفأة الحريق
Frostschutzmittel	māddatu l-ḥimāyati min at-tağammud	مادة الحماية من التجمد
Führerschein	ruḫṣatu l-qiyāda	رخصة القيادة
Gang	surᶜa	سرعة
Gepäckträger	ḥāmilu l-ᵓamtiᶜa	حامل الأمتعة
Getriebe	nāqilu l-ḥaraka	ناقل الحركة
Glühbirne	lambatu ᵓiḍāᵓa	لمبة إضاءة
Handbremse	farmalatu l-yad	فرملة اليد
Heizung	tadfiᵓa	تدفئة
Helm	ḫūḏa	خوذة
Hupe	ᵓālatu t-tanbīh	آلة التنبيه
Kabel	kābil	كابل
kaputt	muṭaᶜaṭṭil	متعطل
Katalysator	niẓāmu tanqiyati l-ᶜādim	نظام تنقية العادم
Keilriemen	suyūru naqli l-ḥaraka	سيور نقل الحركة

Kfz-Schein	ruḫṣatu s-sayyāra	رخصة السيارة
Kindersicherheitsgurt	ḥizāmu ᵓamāni l-ᵓaṭfāl	حزام أمان الأطفال
Kindersitz	maqᶜadu l-ᵓaṭfāl	مقعد الأطفال
Klimaanlage	mukayyifu l-hawāᵓ	مكيف الهواء
Kotflügel	rafraf	رفرف
Kreuzschlüssel	miftāḥun li-taġyīri l-ᵓiṭārāt	مفتاح لتغيير الإطارات
Kühler	mubarrid	مُبرِّد
Kühlwasser	māᵓu t-tabrīd	ماء التبريد
Kupplung	taᶜšīqa	تعشيقة
Kurve	munḥanā	منحنى
Lack	ṭilāᵓ	طلاء
Landstraße	ṭarīqun ᶜām	طريق عام
Leerlauf	ad-dawarānu ᶜalā l-fāḍī	الدوران على الفاضي
Lenkung	ǧihāzu t-tawǧīh	جهاز التوجيه
Licht	ḍawᵓ	ضوء
Lichtmaschine	dināmū	دينامو
Luftfilter	miṣfātu l-hawāᵓ	مصفاة الهواء
Maut	maṣārīfi ṭ-ṭuruq	مصاريف الطرق
Mautstelle	maṣlaḥatu maṣārīfi ṭ-ṭuruq	مصلحة مصاريف الطرق
Motorhaube	ġiṭāᵓ ḥayyizi l-muḥarrik	غطاء حيز المحرك
Motoröl	zaytu l-muḥarrik	زيت المحرك
Ölwechsel	ġiyāru z-zayt	غيار الزيت

parken	yaṣuffu s-sayyāra	يصف السيارة
Parkhaus	ǧarāǧun ᶜumūmī	جراج عمومي
Parkplatz	mawqifu s-sayyārāt	موقف السيارات
Parkscheibe	šarīḥatu ᵓiṯbāti muddati ṣaffi s-sayyāra	شريحة إثبات مدة صف السيارة
Parkverbot	manᶜu ṣaffi s-sayyāra	منع صف السيارة
Rad	ᶜağala	عجلة
Raststätte	dāru istirāḥa	دار استراحة
Reifen	ᵓiṭār	إطار
Reifendruck	ḍaġṭu l-ᵓiṭārāt	ضغط الإطارات
reparieren	yuṣliḥu	يُصلح
Reservereifen	ᵓiṭārun ᵓiḥtiāṭiyy	إطار احتياطي
Rücklicht	ḍawᵓun ḫalfiyy	ضوء خلفي
Rückspiegel	mirᵓātun ḫalfiyya	مرآة خلفية
Schalter	miftāḥ	مفتاح
Scheibenwischer	massāḥātu z-zuǧāǧ	مساحات الزجاج
Scheibenwischer-blätter	ᵓanṣālu massāḥāti z-zuǧāǧ	أنصال مساحات الزجاج
Scheinwerfer	kaššāf	كشّاف
Schmirgelpapier	waraqu ṣanfara	ورق صنفرة
Schneeketten	salāsilu l-ǧalīd	سلاسل الجليد
Schraube	lawlab	لولب
Schraubenschlüssel	miftāḥu ṣ-ṣamūla	مفتاح الصمولة
Schraubenzieher	mifakk	مفك
Schutzbrief	waṯīqatu ḍamān	وثيقة ضمان

Sicherheitsgurt	ḥizāmu ᵓamān	حزام أمان
Sicherung	miṣhar	مصهر
Spiegel	mirᵓāt	مرآة
Starter	bādiᵓu d-dawarān	بادئ الدوران
Starthilfekabel	kāblu l-musāᶜadati ᶜalā d-dawarān	كابل المساعدة على الدوران
Stoßdämpfer	mumtaṣṣu ṣ-ṣadamāt	ممتصّ الصدمات
Stoßstange	mutaqabbilu ṣ-ṣadamāt	متقبل الصدمات
Tachometer	miqyāsu s-surᶜa	مقياس السرعة
Tankstelle	maḥaṭatu l-banzīn	محطة البنزين
Trichter	qamᶜ	قمع
Unfall	ḥādiṯ	حادث
Unfallprotokoll	maḥḍaru l-ḥādiṯ	مَحضر الحادث
Ventil	ṣimām	صمام
Verbandskasten	ṣundūqu l-ᵓisᶜāfāti l-ᵓawwaliyya	صندوق الإسعافات الأولية
Vergaser	muwazziᶜu l-waqūd	موزع الوقود
Versicherungskarte, grüne	biṭāqatu t-taᵓmīni l-ḫaḍrāᵓ	بطاقة التأمين الخضراء
Vorfahrt	ᵓaḥaqqiyyatu l-murūr	أحقية المرور
Wagenheber	mirfāᶜu s-sayyāra	مرفاع السيارة
Warndreieck	muṯallaṯu t-taḥḏīr	مثلث التحذير
Werkstatt	warša	ورشة
Werkzeug	ᶜudda	عدة
Wohnmobil	sayyāratun sakaniyya	سيارة سكنية

Zange	kammāša	كماشة
Zeuge	šāhid	شاهد
Zündkabel	silku šamʿāti l-ʾišʿāl	سلك شمعات الإشعال
Zündkerze	šamʿatu l-ʾišʿāl	شمعة الإشعال
Zündung	al-ʾišʿāl	الإشعال
Zusammenstoß	taṣādum	تصادم

Öffentlicher Nahverkehr

Mit Bus und Bahn

Wo ist … — ʾayna … — أين …

– die nächste U-Bahn-Station? — – ʾaqrabu maḥaṭṭati mitrū? — – أقرب محطة مترو؟

– die nächste Bushaltestelle? — – ʾaqrabu maḥaṭṭati ʾutūbīs? — – أقرب محطة أوتوبيس؟

– die nächste Straßenbahnhaltestelle? — – ʾaqrabu maḥaṭṭati trām? — – أقرب محطة ترام؟

Wo hält der Bus nach …? — ʾayna yatawaqqafu l-ʾutūbīsu ʾilā …? — أين يتوقف الأوتوبيس إلى … ؟

Wo hält die Straßenbahn nach …? — ʾayna yatawaqqafu l-trāmu ʾilā …? — أين يتوقف الترام إلى … ؟

Welcher Bus fährt nach ...? — mā huwa raqmu l-ᵓutūbīsi l-laḏī yaḏhabu ᵓilā …?

ما هو رقم الأوتوبيس الذي يذهب إلى ... ؟

Welche U-Bahn fährt nach ...? — mā huwa raqmu l-mitrū l-laḏī yaḏhabu ᵓilā …?

ما هو رقم المترو الذي يذهب إلى ... ؟

Das könnten Sie hören:

Der Bus Nummer ... — ◂ al-ᵓutūbīsu raqm …

الأوتوبيس رقم ...

Die U-Bahn-Linie Nummer ... — ◂ al-mitrū raqm …

المترو رقم ...

Wann fährt der nächste Bus nach ...? — matā yaḫruğu ᵓawwalu ᵓutūbīsin ᵓilā …?

متى يخرج أول أوتوبيس إلى ... ؟

Wann fährt die nächste Straßenbahn nach ...? — matā yaḫruğu ᵓawwalu trāmin ᵓilā …?

متى يخرج أول ترام إلى ... ؟

Wann fährt der letzte Bus? — matā yaḫruğu ᵓāḫiru ᵓutūbīs?

متى يخرج آخر أوتوبيس؟

Fährt dieser Bus nach ...? — hal yaḏhabu hāḏā l-ᵓutūbīsu ᵓilā …?

هل يذهب هذا الأوتوبيس إلى ... ؟

Muss ich nach ... umsteigen?	hal yağibu ᵓan ᵓuġayyira wasīlata l-muwāṣalāti ᵓilā ...? هل يجب أن أغيِّر وسيلة المواصلات إلى ... ؟
Sagen Sie mir bitte, wo ich aussteigen muss?	qul lī min faḍlik, ᵓayna yağibu ᵓan ᵓanzila? قل لي من فضلك، أين يجب أن أنزل؟
Sagen Sie mir bitte, wo ich umsteigen muss?	qul lī min faḍlik, ᵓayna yağibu ᵓan ᵓuġayyira wasīlata l-muwāṣalāt? قل لي من فضلك، أين يجب أن أغير وسيلة المواصلات؟
Wo gibt es die Fahrscheine?	ᵓayna tūğadu taḏākiru s-safar? أين توجد تذاكر السفر؟
Bitte einen Fahrschein nach ...	taḏkarata safarin ᵓilā ... min faḍlik. تذكرة سفر إلى ... من فضلك.
Bitte Fahrkarten für zwei Erwachsene und zwei Kinder.	ᵓaᶜṭinī taḏkarata safarin li-šaḫṣayni wa-ṭiflayni min faḍlik. أعطني تذكرة سفر لشخصين وطفلين من فضلك.
Gibt es ...	hal yūğadu ... هل يوجد ...
– Tageskarten?	– taḏākiru li-yawmin kāmil? – تذاكر ليوم كامل؟
– Wochenkarten?	– taḏākiru li-ᵓusbūᶜin kāmil? – تذاكر لأسبوع كامل؟

Taxi

Wo bekomme ich ein Taxi?	ʾayna ʾağidu tāksī?	أين أجد تاكسي؟
Könnten Sie mir für (morgen um) ... Uhr ein Taxi bestellen?	hal yumkinuka ʾan taṭluba lī tāksī (ġadan fī tamāmi) s-sāʿati ...?	هل يمكنك أن تطلب لي تاكسي (غدا في تمام) الساعة ... ؟
Bitte ...	min faḍlik ...	من فضلك ...
– zum Bahnhof!	– ʾilā l-maḥaṭṭa!	– إلى المحطة!
– zum Flughafen!	– ʾilā l-maṭār!	– إلى المطار!
– zum Hotel ...!	– ʾilā l-funduq ...!	– إلى فندق ...!
– in die Innenstadt!	– ʾilā wasaṭi l-madīna!	– إلى وسط المدينة!
– in die ... Straße!	– ʾilā šāriʿi ...!	– إلى شارع ...!
Wie viel kostet es nach ...?	kam al-ʾuğratu ʾilā ...?	كم الأجرة إلى ... ؟

Man hat mir (im Hotel) gesagt, dass es nur ... kostet.	qīla lī (fī l-funduqi) ᵓanna l-ᵓuǧrata … faqaṭ. قيل لي (في الفندق) أن الأجرة ... فقط.
Bitte schalten Sie den Taxameter ein.	ᵓiftaḥ ᶜaddāda t-tāksī min faḍlik. إفتح عداد التاكسي من فضلك.
Bitte schalten Sie den Taxameter auf null.	ᵓiftaḥ ᶜaddāda t-tāksī ᶜalā ṣifrin min faḍlik. إفتح عداد التاكسي على صفر من فضلك.
Halten Sie hier bitte (einen Augenblick)!	tawaqqaf hunā (laḥẓatan wāḥidatan) min faḍlik! توقف هنا (لحظة واحدة) من فضلك!
Warten Sie hier bitte (einen Augenblick)!	ᵓintaẓir hunā (laḥẓatan wāḥidatan) min faḍlik! انتظر هنا (لحظة واحدة) من فضلك!
Das Wechselgeld ist für Sie!	al-ᶜumlatu ṣ-ṣaġīratu lak! العملة الصغيرة لك!

Info

Die Taxis sind meist mit Taxametern ausgestattet, die jedoch nicht immer eingeschaltet werden. Daher empfiehlt es sich, vor jeder Fahrt den Preis mit dem Fahrer auszuhandeln. Um ein Taxi anzuhalten, machen Sie sich per Handzeichen am Straßenrand bemerkbar und rufen ihr Ziel dem Taxifahrer zu.

Weitere Wörter

Abfahrt	qiyām	قيام
aussteigen	yanzilu	ينزل
Busbahnhof	maḥaṭṭatu l-ᵓutūbīs	محطة الأوتوبيس
Endstation	al-maḥaṭṭatu l-ᵓaḫīra	المحطة الأخيرة
entwerten	yaṯqubu t-taḏkara	يثقبُ التذكرة
Entwerter	ǧihāzu ḫatmi t-taḏkara	جهاز ختم التذكرة
Fahrer	sāᵓiq	سائق
Fahrkarte	taḏkaratu s-safar	تذكرة السفر
Fahrkartenautomat	ǧihāzu taḏākiri s-safar	جهاز تذاكر السفر
Fahrplan	ǧadwalu mawāᶜidi s-safar	جدول مواعيد السفر
Fahrpreis	ᵓuǧratu s-safar	أجرة السفر
halten	yatawaqqafu	يتوقف
Haltestelle	maḥaṭṭa	محطة
Kontrolleur	murāqibu t-taḏākir	مراقب التذاكر
Richtung	ᵓittiǧah	اتجاه
Schaffner	kumsārī	كمساري
Stadtzentrum	wasaṭu l-madīna	وسط المدينة
Taxistand	mawqifu t-taksī	موقف التاكسي
U-Bahn	mitrū	مترو

Kommunikation

Telefon

Wo kann ich hier telefonieren?	ᶜayna yumkinunī hunā ᵓan ᵓattaṣila telīfūniyyan?	أين يمكنني هنا أن أتصل تليفونياً؟
Ich hätte gern eine Telefonkarte.	ᵓawaddu širāᵓa kārti telīfūn.	أودُ شراءَ كارتِ تليفون.
Ich möchte eine SIM-Karte kaufen.	ᵓawaddu širāᵓa biṭāqata taᶜrīfi l-maḥmūl.	أودُّ شراء بطاقة تعريف المحمول.
Ich hätte gerne eine Prepaid-Karte.	ᵓawaddu l-ḥuṣūla ᶜalā biṭāqati l-dafᶜi l-musabbaq.	أودّ الحصول على بطاقة الدفع المسبّق.
Ich möchte mein Guthaben aufladen.	ᵓawaddu šaḥna raṣīdi l-maḥmūl.	أودّ شحن رصيد المحمول.
Wie ist die Vorwahl von ...?	mā huwa kūd ...?	ما هو كود ... ؟
Hallo? Hier ist ...	ᵓahlan? ᵓanā ...	أهلاً؟ أنا ...
Ich möchte ... sprechen.	ᵓawaddu ᵓan ᵓataḥaddaṯa maᶜa ...	أودُّ أن أتحدثَ مع ...

Das könnten Sie hören:

Am Apparat.	◂ᶜalā t-telīfūn.	على التليفون.
Ich verbinde.	◂ᵓanā ᵓattaṣil.	أنا أتصل.

... ist heute nicht im Haus.	◂... laysa fi l-maktabi l-yawm. ... ليس في المكتب اليوم.
Bitte bleiben Sie am Apparat.	◂♂ intaẓir/ ♀ intaẓirī ᶜalā t-telīfūn min faḍlik. ♂ انتظر / ♀ انتظري على التليفون من فضلك.

Internet

Wo gibt es hier ein Internet-Café?	ᵓayna yūǧadu hunā maqhā ᵓintarnit? أينَ يوجدُ هنا مقهى إنترنت؟
Wo gibt es kostenlosen WLAN-Zugang?	ᵓayna yumkinu d-duḫūlu maǧānan fī šabakati l-ᵓintarnet al-lā-silkīya? أين يمكن الدخول مجانا في شبكة الإنترنت اللاسلكية؟
Wie logge ich mich ein?	kayfa yumkinunī tasǧīlu d-duḫūl? كيف يمكنني تسجيل الدخول؟
Ich möchte eine E-Mail senden.	ᵓawaddu kitābata risālatin ᶜalā l-barīdi l-ᵓiliktrūnī. أودُّ كتابةَ رسالةٍ على البريدِ الإلكتروني.
Welchen Computer kann ich benutzen?	ᵓayyu kumbyūtar yumkinunī istiḫdāmuhu? أي كمبيوتر يمكنني استخدامه؟

Was kostet das für eine Viertelstunde?	kam yatakallafu ḏālika li-muddati rub^ci sā^ca?	كم يتكلفُ ذلكَ لمدةِ ربع ساعة؟
Könnten Sie mir helfen?	hal min al-mumkini ᵓan tusāᶜidanī?	هل من الممكنِ أن تساعدني؟
Ich möchte ...	ᵓawaddu ᶜan ...	أودُّ أن ...
– etwas ausdrucken.	– ᵓaṭbaᶜa šayᵓan.	– أطبع شيئا.
– etwas scannen.	– ᵓamsaḥa šayᵓan.	– أمسح شيئا.
Die Internetverbindung funktioniert nicht.	tawṣīlatu l-ᵓintarnet lā taᶜmalu.	توصيلة الإنترنت لا تعمل.
Der Computer ist abgestürzt.	saqaṭa al-kumbyūtar.	سقط الكمبيوتر.

Weitere Wörter

aufladen	yašḥanu	يشحن
Handy	hātifun maḥmūl	هاتف محمول
Handynummer	raqmu l-maḥmūl	رقم المحمول
Ladekabel	silku š-šaḥn	سلك الشحن
Ladegerät	šāhinun	شاحن
Passwort	kalimatu l-murūr	كلمة المرور
SMS	risālatun qaṣīra	رسالة قصيرة
Telefon	tilīfūn	تليفون
Telefonnummer	raqmu t-tilīfūn	رقم التليفون
Telefonzelle	kabīnatu t-tilīfūn	كبينة تليفون

Essen und Trinken

شربة
šurba

Suppe

šurbatu ḫuḍār	شربة خُضار	Gemüsesuppe
ḥasāᵓu laḥm	حساء لحم	Fleischbrühe
šurbatu ṭamāṭim	شربة طماطم	Tomatensuppe
šurbatu samak	شربة سمك	Fischsuppe
šurbatu ᶜadas	شربة عدس	Linsensuppe
labaniyya	لَبَنيَّة	Spinat-Joghurt Suppe
fūl	فول	Saubohnensuppe
fāṣūliya	فاصوليا	Weiße-Bohnen Suppe

مشهيات
mušahhiyāt

Vorspeisen

ṭabaq fātiḥi šahiyyatin mušakkal	طبق فاتح شهية مُشكَّل	gemischte Vorspeisenplatte
kuktīl gambarī	كوكتيل جمبري	Krabbencocktail
bāsṭirma	باسطرمة	luftgetrocknetes Rinderfilet
maḥšī waraqi ᶜinab	محشي ورق عنب	gefüllte Weinblätter
bābā ġannūǧ	بابا غنوج	Auberginenpüree

ḥummuṣ	حُمُّص	Kichererbsenpüree
ḥummuṣ bi-ṭ-ṭaḥīna	حُمُّص بالطحينة	Kichererbsenpüree mit Sesampaste
ṭaḥīna	طَحينة	Sesampaste
ḫiyār bi-laban	خيار بلبن	Joghurt mit Gurken
labana	لبنَة	Joghurtdip
muḫallal	مخلل	in Essig eingelegtes Gemüse

مشهيات دافئة

mušahhiyāt dāfiʾa

Warme Vorspeisen

falāfil	فلافل	frittierte Kicher-erbsenbällchen
kibba	كبة	gefüllte Fleisch-bällchen
faṭāʾir	فطائر	gebackene Teig-taschen mit Spinat

أصناف اللحوم

ʾaṣnāfu l-luḥūm

Fleischgerichte

summān	سُمَّان	Wachteln
hamām maḥšī	حَمَام محشي	gefüllte Täubchen
mašwī l-faḫdi l-ḫalfiyya	مشوي الفخذ الخلفية	Rumpsteak

mašwī ʿaǧǧālī	مشوي عجّالي	Kalbssteak
laḥm ʿaǧǧālī	لحم عجّالي	Kalbfleisch
laḥm mašwī	لحم مشوي	Braten
fileeh baqarī	فيليه بقري	Rinderfilet
fileeh ḍaʾn	فيليه ضأن	Lammfilet
faḫḏ ḍaʾn	فخذ ضأن	Lammkeule
ḥawāšī ḏ-ḏabīḥa	حواشي الذبيحة	Innereien
kastleta ḍaʾn	كستليتة ضأن	Lammkoteletts
kabāb	كباب	Fleischspieß
šīš ṭāwūk	شيش طاووك	Hühnerspieß
daǧāǧun mašwī	دجاجٌ مشوي	gegrilltes Hühnchen
ṣudūru daǧāǧ	صدور دجاج	Hühnerbrust
ʾaǧniḥatu daǧāǧ	أجنحة دجاج	Hühnerflügel
kabidu d-daǧāǧ	كَبد الدجاج	Hühnerleber
šāwarmā	شاورما	Döner-Kebab
laḥmun mafrūm	لحم مفروم	Hackfleisch
kufta	كفتة	Hackfleischbällchen
kabid	كبد	Leber

خضار
ḫuḍār
Gemüse

bāmiya	بامية	Okraschoten
bādinǧān	باذنجان	Auberginen
bisilla	بِسِلَّة	Erbsen
badinǧān maḥšī	باذنجان محشي	gefüllte Paprika
ṭamāṭim maḥšiyya	طماطم محشية	gefüllte Tomaten
sabāniḫ	سبانخ	Spinat
kūsa maḥšiyya	كوسة محشية	gefüllte Zucchini
fūl ᵓaḫḍar	فول أخضر	grüne Bohnen

مكمّلات
mukammilāt
Beilagen

kuskusī	كسكسي	Couscous
ᵓaruzz bi-l-ᶜadas	أرز بالعدس	Reis mit Linsen
ᵓaruzz	أرز	Reis
baṭāṭis ᵓaṣābiᶜ	بطاطس أصابع	Pommes frites
baṭāṭis mahrūsa	بطاطس مهروسة	Kartoffelbrei

baṭāṭis muḥammara	بطاطس مُحمرة	gebratene Kartoffeln
baṭāṭis maṭbūḫa	بطاطس مطبوخة	gekochte Kartoffeln

سمك
samak
Fisch

samak bi-ṭ-ṭaḥīna	سمك بالطحينة	Fisch mit Sesamsoße
sardīn	سردين	Sardinen
samak ᵓummi l-ḥibr	سمك أم الحبر	Tintenfisch
ṣadaf	صَدف	Muscheln
fawākihu l-baḥr	فواكه البحر	Meeresfrüchte
saraṭānu l-baḥr	سرطان البحر	Hummer
ᵓabū sayf	أبو سيف	Schwertfisch
ᵓuḫṭubūṭ	أخطبوط	Oktopus
samaku t-tūna	سمك التونة	Thunfisch
samakun mašwiyy	سمكٌ مشوي	gegrillter Fisch
gambarī	جمبري	Krabben
rūbyān	روبيان	Garnelen
rūbyān kabīr	روبيان كبير	Riesengarnelen

سلطات

salaṭāt

Salate

fatūš	فتوش	Brotsalat
tabbūla	تبولة	Bulgur-Kräuter Salat
ṣalaṭatu ᶜadas	سلطة عدس	Linsensalat
ṣalaṭatu ḫiyār	سلطة خيار	Gurkensalat
ṣalaṭatu l-banğari l-ᵓaḥmar	سلطة البنجر الأحمر	Rote Bete-Salat
ṣalaṭatu baṭāṭis	سلطة بطاطس	Kartoffelsalat

فاكهة

fākiha

Obst

kummiṯrā	كمثرى	Birne
tamr	تمر	Dattel
mango	مانجو	Mango
tuffāḥ	تفاح	Apfel
barqūq	برقوق	Pflaume
tīn	تين	Feige
baṭṭīḫ	بطيخ	Wassermelone
šammām	شمَّام	Honigmelone
mišmiš	مشمش	Aprikose
kuraiz ḥulw	كريز حلو	Süßkirsche

yūsufī	يوسفي	Mandarine
mawz	مَوز	Banane
burtuqāl	برتقال	Orange
rummān	رمان	Granatapfel
ᶜinab	عِنب	Trauben

أطباق حلوة

ᵓaṭbāq ḥulwa

Süßspeisen

ᵓays krem	أيس كريم	Eis
basbūsa	بسبوسة	Grießkuchen
kunāfa	كنافة	Teignudeln in Sirup
ᵓumm ᶜalī	أم علي	Brotpudding
tamr bi-l-lawz	تمر باللوز	gefüllte Datteln
kek maḥšū bi-t-tamr	كيك محشو بالتمر	gefüllte Dattelkekse
baqlāwa	بقلاوة	Blätterteig-Nuss-Kuchen
muhallabiyya	مهلبية	Pudding mit Rosenwasser
ḥalwā	حلوى	Halwa (Süßspeise aus zerstoßenem Sesamsamen und Honig oder Sirup)

مشروبات كحولية

mašrūbāt kuḥūliyya

Alkoholische Getränke

bīra	بيرة	Bier
kūnyāk	كونياك	Kognak
šambānyā	شمبانيا	Sekt
ᶜaraqu l-yansūn	عرق الينسون	Anisschnaps
nabīḏ	نبيذ	Wein
nabīḏ ᵓabyaḍ	نبيذ أبيض	Weißwein
nabīḏ ᵓaḥmar	نبيذ أحمر	Rotwein
nabīḏ ġayru ḥulw	نبيذ غير حلو	trockener Wein
nabīḏ ḥulw	نبيذ حلو	süßer Wein
šambānyā	شمبانيا	Champagner
fūdkā	فودكا	Wodka

مشروبات خالية من الكحول

mašrūbāt ḫāliyya mina l-kuḥūl

Nichtalkoholische Getränke

mašrūb zabādī	مشروب زبادي	Joghurtgetränk
kūlā	كولا	Cola
mašrūb laymūn ṭāziğ	مشروب ليمون طازج	frische Limonade

^{c}aṣīr rummān	عصير رمان	Granatapfelsaft
^{c}aṣīr burtuqāl	عصير برتقال	Orangensaft
^{c}aṣīr mango	عصير مانجو	Mangosaft
karkadīh bārid	كركديه بارد	kalter Hibiskustee
^{c}aṣīr farāwla	عصير فراولة	Erdbeersaft
miyāhun ma^{c}daniyya	مياه معدنية	Mineralwasser
miyāh ġayru ġāziyya	مياه غير غازية	stilles Wasser

مشروبات ساخنة

mašrūbāt sāḫina

Heiße Getränke

šāy ^{ɔ}aswad	شاي أسود	schwarzer Tee
šāyu l-maryamīya	شاي المريمية	Salbeitee
šāy ^{ɔ}aswad bi-n-na^{c}nā^{c}	شاي أسود بالنعناع	Schwarzer Tee mit Pfefferminze
qahwa	قهوة	Kaffee
karkadīh sāḫin	كركديه ساخن	heißer Hibiskustee
qahwa sābiqatu t-taǧhīz	قهوة سابقة التجهيز	Instantkaffee
qahwa ^{c}arabiyya	قهوة عربية	arabischer Mokka

Reservieren und Platz nehmen

Wo gibt es hier in der Nähe ...	ayna yūǧadu … bi-lqurbi min hunā?	أين يوجد ... بالقرب من هنا؟
– ein Café?	– maqhā	– مقهى
– eine Kneipe?	– hāna	– حانة
– ein preiswertes Restaurant?	– maṭᶜamun raḫīṣu ṯ-ṯaman	– مطعم رخيص الثمن
– ein typisches Restaurant?	– maṭᶜamun šaᶜbī	– مطعم شعبي
Einen Tisch für ... Personen bitte.	māᵓidatun li-ᶜadadi … ᵓašḫāṣ.	مائدة لعدد ... أشخاص.
Ich möchte einen Tisch für zwei Personen um ... Uhr reservieren.	ᵓarġabu fī ḥaǧzi māᵓidatan li-šaḫṣayn fī tamāmi s-sāᶜati …	أرغب في حجز مائدة لشخصين في تمام الساعة ...
Ich möchte einen Tisch für sechs Personen um ... Uhr reservieren.	ᵓarġabu fī ḥaǧzi māᵓidatan li-sittati ᵓašḫāṣin fī tamāmi s-sāᶜati …	أرغب في حجز مائدة لستة أشخاص في تمام الساعة ...
Wir haben einen Tisch für ... Personen reserviert (auf den Namen ...).	ḥaǧaznā māᵓidatan li-ᶜadadi … ᵓašḫāṣin (bi-smi …).	حجزنا مائدة لعدد ... أشخاص (باسم ...).

Das könnten Sie hören:

Raucher- oder Nichtraucherzone?	◂manṭiqatu l-mudaḫḫinīn ʾam ġayri l-mudaḫḫinīn? منطقة المدخنين أم غير المدخنين؟
Ist dieser Tisch noch frei?	hal hāḏihi l-māʾidatu maḥǧūza? هل هذه المائدة محجوزة؟
Ist dieser Platz noch frei?	hal hāḏā l-makānu maḥǧūz? هل هذا المكان محجوز؟
Haben Sie einen Hochstuhl?	hal ladaykum kursiyyun ʿāl? هل لديكم كرسي عال؟
Entschuldigung, wo sind hier die Toiletten?	maʿḏiratan, ʾayna yūǧadu ḥammāmun hunā? معذرة، أين يوجد حمَّامٌ هنا؟

Bestellen

Die Karte bitte.	al-qāʾima min faḍlik. القائمة من فضلك.
Ich möchte nur eine Kleinigkeit essen.	ʾawaddu ʾan ʾākula ʾašyāʾan ḫafīfa. أود أن آكلَ أشياءً خفيفة.
Gibt es jetzt noch etwas zu essen?	hal māzāla yūǧadu ṭaʿāmun al-ʾān? هل مازال يوجد طعام الآن؟
Ich möchte nur etwas trinken.	ʾawaddu faqaṭ ʾan ʾašraba šayʾan. أود فقط أن أشرب شيئاً.

Das könnten Sie hören:

Was möchten Sie trinken?
◂ māḏā tawaddu ᵓan tašrab?
ماذا تود أن تشرب؟

Ich möchte ...
ᵓawaddu ...
أود ...

– ein Glas Rotwein.
– kaᵓsan mina n-nabīḏi l-ᵓaḥmar.
– كأساً من النبيذ الأحمر.

– eine Flasche Weißwein.
– zuǧāǧatan mina n-nabīḏi l-ᵓabyaḍ.
– زجاجةً من النبيذ الأبيض.

– einen (halben) Liter Hauswein.
– (niṣfa) litr mina n-nabīḏi l-manzilī.
– (نصف) لتر من النبيذ المنزلي.

– ein Viertel Rosé.
– rubᶜa litrin mina n-nabīḏi l-wardī.
– ربع لتر من النبيذ الوردي.

– ein Bier.
– bīra.
– بيرة.

– eine Karaffe Wasser.
– dawraqa māᵓ.
– دَورَق ماء.

– noch etwas Brot.
– baᶜḍa l-ḫubz.
– بعض الخبز.

– eine kleine Flasche Mineralwasser.
– zuǧāǧata miyāhin maᶜdaniyyatin ṣaġīra.
– زجاجة مياه معدنية صغيرة.

– eine große Flasche Mineralwasser.
– zuǧāǧata miyāhin maᶜdaniyyatin kabīra.
– زجاجة مياه معدنية كبيرة.

Info

Den Kellner rufen Sie mit yā sayyid! (Der Herr!), sāmaḥnī! (Gestatten Sie!) oder mit min faḍlik! (Bitte!).

Haben Sie auch offenen Wein?	hal ladayka ᵓayḍan nabiḏun sāyib?	هل لديك أيضاً نبيذ سايب؟

Das könnten Sie hören:

Was möchten Sie essen?	◂ māḏā tawaddu ᵓan taᵓkul?	ماذا تود أن تأكل؟
Ich möchte ...	ᵓawaddu ...	أود ...
– das Menü zu	– al-qāᵓimata l-ḫāṣṣata bi-	– القائمة الخاصة بـ ....
– eine Portion ...	– ṭabaq ...	– طبق ...
– ein Stück ...	– qiṭᶜata ...	– قطعة ...
Was empfehlen Sie mir?	bi-māḏā tanṣahunī?	بماذا تنصحني؟
Was ist heute das Tagesgericht?	mā huwa ṭabaqu l-yawm?	ما هو طبق اليوم؟
Was sind die Spezialitäten aus dieser Region?	mā hiya l-ᵓaṣnāfu l-ḫāṣṣatu bi-hāḏihi l-manṭiqa?	ما هي الأصناف الخاصة بهذه المنطقة؟
Haben Sie ...	hal ladaykum ...	هل لديكم ...
– diabetische Kost?	– ṭaᶜāmu marḍā s-sukkarī?	– طعام مرضى السكّري؟
– Diätkost?	– ṭaᶜāmu riǧīm?	– طعام رجيم؟
– vegetarische Gerichte?	– waǧabātun nabātiyya?	– وجبات نباتية؟

Ist ... in dem Gericht? Ich darf das nicht essen.	hal yūǧadu … fī l-waǧba? lā yusmaḥu lī bi-tanāwuli hāḏā.	هل يوجد ... في الوجبة؟ لا يُسمح لي بتناول هذا.
Für mich bitte ohne ...	bi-dūn … min faḍlik.	بدون ... من فضلك.

Das könnten Sie hören:

Was nehmen Sie als Vorspeise?	◂māḏā turīdu mina l-mušahhiyāt?	ماذا تريد من المشهيات؟
Was nehmen Sie als Nachtisch?	◂māḏā turīdu mina l-ḥalwā?	ماذا تريد من الحلوى؟
Danke, ich nehme keine Vorspeise.	šukran, ᵓanā lā ᵓurīdu mušahhiyāt.	شكراً، أنا لا أريد مشهيات.
Danke, ich nehme keinen Nachtisch.	šukran, ᵓanā lā ᵓurīdu ḥalwā.	شكراً، أنا لا أريد حلوى.

Das könnten Sie hören:

Wie möchten Sie Ihr Steak?	◂kayfa turīdu l-laḥm?	كيف تريد اللحم؟
Blutig.	niṣfa šiwāᵓ.	نصف شواء.
Englisch.	ᵓinǧilīzī.	إنجليزي.
Medium.	mutawassiṭ.	متوسط.
Gut durchgebraten.	mustawīyan ǧiddan.	مستوياً جداً.

Bitte bringen Sie mir noch ...	ᵓaḥḍir lī ... min faḍlik.	أحضر لي ... من فضلك.
Haben Sie ein Kindermenü?	hal ladaykum qāᵓimatu maᵓkulātin muḫaṣṣaṣatun li-l-ᵓaṭfāl?	هل لديك قائمة مأكولات مخصصة للأطفال؟
Können wir für die Kinder eine halbe Portion bekommen?	hal yumkinunā l-ḥuṣūlu ᶜalā niṣfi l-wağbati li-l-ᵓaṭfāl?	هل يمكننا الحصول على نصف الوجبة للأطفال؟
Können wir bitte ein Extra-Gedeck für unser Kind bekommen?	hal yumkinunā l-ḥuṣūlu ᶜalā ᵓadawāti ᵓaklin ᵓiḍāfiyya li-ṭiflinā min faḍlik?	هل يمكننا الحصول على أدوات أكل إضافية لطفلنا من فضلك؟
Können wir bitte einen kleinen Löffel für unser Kind bekommen?	hal yumkinunā l-ḥuṣūlu ᶜalā milᶜaqatin ṣağīratin li-ṭiflinā min faḍlik?	هل يمكننا الحصول على ملعقة صغيرة لطفلنا من فضلك؟

Gemeinsam essen

Guten Appetit!	bi-l-hanāᵓi wa-š-šifāᵓ!	بالهناء و الشفاء!
Danke, gleichfalls!	šukran, wa-laka ayḍan!	شكراً، ولك أيضاً!

Zum Wohl! fī ṣiḥḥatik! في صحتك!

Das könnten Sie hören:

Schmeckt es Ihnen? ◂hal yuᶜǧibuka? هل يعجبك؟

Danke, sehr gut. šukran, ǧayyidun ǧiddan. شكرا، جيد جداً.

Das könnten Sie hören:

Noch etwas ...? ◂hal tarġabu fī baᶜḍi ...? هل ترغب في بعض ... ؟

Ja, gerne. naᶜam, bi-surūr. نعم، بسرور.

Danke, ich bin satt. šukran, šabiᶜtu. شكرا، شَبِعت.

Was ist das? mā hāḏā? ما هذا؟

Würden Sie mir bitte ... reichen? hal yumkinuka ᵓan tunāwilanī ... min faḍlik? هل يمكنك أن تناولني ... من فضلك ؟

Ich möchte keinen Alkohol trinken. lā ᵓurīdu ᵓan ᵓašraba ḫamran. لا أريد أن أشرب خمراً.

Danke für die Einladung. šukran ᶜalā d-daᶜwa. شكراً على الدعوة.

Ich möchte Sie einladen. ᵓawaddu ᵓan ᵓadᶜūka. أود أن أدعوك.

Es war ausgezeichnet. kāna mumtāzan. كان ممتازاً.

Reklamieren

Das habe ich nicht bestellt. Ich wollte ...	lam ᵓaṭlub ḏālika. ᵓana ᵓaradtu ...	لم أطلب ذلك. أنا أردت ...
Haben Sie unser ... vergessen?	hal nasīta ... al-ḫāṣṣ bi-nā?	هل نسيت ... الخاص بنا؟
Hier fehlt noch ...	hunā māzāla yanquṣu ...	هنا مازال ينقص ...
Das Essen ist kalt.	aṭ-ṭaᶜāmu bāridun.	الطعام بارد.
Das Essen ist versalzen.	aṭ-ṭaᶜāmu māliḥ.	الطعام مالح.
Das Fleisch ist nicht lang genug gebraten.	al-laḥmu ġayru maṭhīyin bi-šaklin kāfin.	اللحم غير مطهي بشكل كافٍ.
Das Fleisch ist zäh.	al-laḥmu nayyiᵓ.	اللحم نيئ.
Bitte nehmen Sie es zurück.	ᵓarǧiᶜhu min faḍlik.	أرجعه من فضلك.

Bezahlen

Die Rechnung bitte!	al-ḥisāba min faḍlik!	الحساب من فضلك!
Ich möchte eine Quittung bitte.	ᵓurīdu waṣlan min faḍlik.	أريد وصلاً من فضلك.

Wir möchten getrennt bezahlen.	nurīdu ᵓan nadfaᶜa kullun ᶜalā ḥida. نريد أن ندفع كلٌ على حدة.
Bitte alles zusammen.	al-kullu sawīyan min faḍlik. الكل سوياً من فضلك.

Das könnten Sie hören:

Hat es Ihnen geschmeckt?	◂hal kāna ṭ-ṭaᶜāmu ǧayyidan? هل كان الطعام جيداً؟
Sagen Sie bitte dem Koch mein Kompliment!	ᵓabliġ aṭ-ṭabbāḫa ᵓiᶜǧābī! أبلغ الطباخ إعجابي!
Ich glaube, hier stimmt etwas nicht.	ᵓaᶜtaqidu ᵓannahu yūǧadu šayᵓun ḫāṭiᵓun hunā. أعتقد أنه يوجد شيءٌ خاطئٌ هنا.

Info

Es ist in arabischen Ländern nicht üblich, getrennt zu bezahlen. Wenn Sie die Bedienung darum bitten, wird sie aber dennoch getrennt abrechnen. Am besten äußern Sie diesen Wunsch gleich bei der Bestellung: kullu wāḥidin yadfaᶜu ḥisābahu. (Jeder zahlt seine Rechnung selbst.) Geht man mit Freunden zum Essen oder ins Café, bezahlt entweder einer für alle oder man gibt dem, der bezahlt, den eigenen Anteil an der Zeche. Sich über die großzügige Gastfreundschaft der Einheimischen einerseits nicht grob hinwegzusetzen, sie andererseits aber auch nicht dreist überzustrapazieren erfordert einiges Fingerspitzengefühl.

Info

Das Trinkgeld (baqšīš), etwa 10 % des Rechnungsbetrags, gibt man der Bedienung direkt oder hinterlässt es auf dem Tisch.

Rechnen Sie es mir bitte vor.	qum bi-l-ḥisābi ᵓamāmī min faḍlik.	قم بالحساب أمامي من فضلك.
Es stimmt so.	iḥtafiẓ bi-l-bāqī.	احتفظ بالباقي.
Vielen Dank.	šukran ğazīlan.	شكراً جزيلاً.

Weitere Wörter

Abendessen	al-ᶜašāᵓ	العشاء
Aschenbecher	minfaḍatu s-sağāᵓir	منفضة السجائر
Bedienung	ḫidma	خدمة
Beilage	mukammilāt	مكملات
Besteck	ᵓadawātu ṭ-ṭaᶜām	أدوات الطعام
bestellen	yaṭlubu	يطلب
bezahlen	yadfaᶜu	يدفع
bezahlen, getrennt	yadfaᶜu, kullun ᶜalā ḥida	يدفع، كل على حدة
bezahlen, zusammen	yadfaᶜu, sawīyan	يدفع، سويا
Brot	ḫubz	خبز
Brot, belegtes	šaṭīra	شطيرة
Butter	zubd	زُبد

Diät	riğīm	رجيم
durstig sein	yaᶜṭašu	يعطش
essen	yaᵓkulu	يأكل
Essen	ṭaᶜām	طعام
Essig	ḫall	خل
fett	dasim	دسِم
Fisch	samak	سَمَك
Flasche	zuǧāǧa	زجاجة
Fläschchenwärmer	musaḫḫinu r-raḍḍāᶜa	مسخن الرضاعة
Fleisch	laḥm	لحم
frisch	ṭāziğ	طازج
Frühstück	fuṭūr	فطور
frühstücken	yatanāwalu l-fuṭūr	يتناول الفطور
Gabel	šawka	شوكة
Gang	ṭabaq	طبق
Gebäck	faṭāᵓir	فطائر
Gedeck	ᵓadawātu l-ᵓakl	أدوات الأكل
Gemüse	ḫuḍār	خضار
Gericht	wağba	وجبة
Getränk	mašrūb	مشروب
gewürzt	mutabbal	مُتبَّل
Glas	kaᵓs	كأس
Gräte	šawk	شَوكُ
Hauptgericht	wağbatun raᵓīsiyya	وجبة رئيسية
hausgemacht	baytī	بَيتي

heiß	sāḫin	ساخن
hungrig sein	yağūᶜu	يجوعُ
Hühnerfleisch	laḥmu dağāğ	لحم دجاج
Joghurt	zabādī	زبادي
Kakao	kākāw	كاكاو
kalt	bārid	بارد
Kartoffeln	baṭāṭis	بطاطس
Käse	ğubn	جُبن
Kellner	ğarsūn	جرسون
Kellnerin	ğarsūna	جرسونة
Ketchup	katšāb	كاتشاب
Kinderportion	al-kammīyatu l-munāsibatu li-lᵓaṭfāl	الكمية المناسبة للأطفال
Kneipe	ḥāna	حانة
Knoblauch	ṯūm	ثوم
Kuchen	gātūh	جاتوه
Lammfleisch	laḥmu ḍaᵓn	لحم ضأن
Löffel	milᶜaqa	ملعقة
mager	ġayru mudhin	غير مدهن
Margarine	samnun nabātī	سمن نباتي
Marmelade	murabba	مربة
Mayonnaise	mayūnīz	مايونيز
Menü	qāᵓima	قائمة
Messer	sikkīn	سكين
Mineralwasser mit Kohlensäure	miyāhun maᶜdaniyya bi-karbūn	مياه معدنية بكربون

Mineralwasser ohne Kohlensäure	miyāhun maᶜdaniyya bi-dūn karbūn	مياه معدنية بدون كربون
Mittagessen	ġadāᵓ	غداء
Nachtisch	ḥalwā baᶜda ṭ-ṭaᶜām	حلوى بعد الطعام
Nudeln	makarūna	مكرونة
Obst	fākiha	فاكهة
Öl	zayt	زيت
Pfeffer	filfil	فلفل
Pilze	fuṭr	فُطر
Pizza	bitzā	بيتزا
Portion	ṭabaq	طبق
Restaurant	maṭᶜam	مطعم
Rindfleisch	laḥmun baqarī	لحم بقري
roh	nīᵓ	نيء
Rohkost	ṭaᶜāmun nabātī	طعام نباتي
Sahne	qišda	قشدة
Salat	ṣalaṭa	سلطة
Salatsoße	ṣalṣatu ṣalaṭa	صلصة سلطة
Salz	milḥ	ملح
Salzstreuer	mallāḥatu l-māᵓida	ملاَّحة المائدة
satt sein	yašbaᶜu	يَشبَع
sauer	ḥāmiḍ	حامض
Schafskäse	ǧubnun ᵓabyaḍ	جبن أبيض
scharf	ḥārr	حار
schmecken (gut)	lahu ṭaᶜmun laḏīḏ	له طعم لذيذ
Schonkost	ṭaᶜāmu l-marīḍ	طعام المريض

Senf	musṭurda	مُسطُردة
Serviette	fūṭatu s-sufra	فوطة السفرة
Soße	ṣalṣa	صلصة
Spezialität	waǧbatun ḫāṣṣa	وجبة خاصة
Stück	qiṭᶜa	قطعة
Stuhl	kursī	كرسي
Suppe	šurba	شُربة
süß	ḥulw	حلو
Süßspeisen	ᵓaṭbāqun ḥulwa	أطباق حلوة
Süßstoff	sakārīn	سكارين
Tasse	finǧān	فنجان
Tee	šāyy	شاي
Teelöffel	milᶜaqatu šāyy	ملعقة الشاي
Teller	ṭabaq	طبق
Tisch	māᶜida	مائدة
trinken	yašrabu	يشرب
Trinkgeld	baqšīš	بقشيش
vegetarisch	nabātī	نباتي
Vorspeise	mušahhiyāt	مشهيات
Zahnstocher	ḫilālu l-ᵓasnān	خِلال الأسنان
Zucker	sukkar	سكر

Einkaufen

Fragen und Wünsche

Wie viel kostet das?	kam t̲amanu hād̲ā?	كم ثمن هذا؟
Was kostet …?	kam t̲amanu hād̲ā …?	كم ثمن هذا … ؟
Was kosten …?	kam t̲amanu hād̲ihi l-ᵓašyāᵓ …?	كم ثمن هذه الأشياء … ؟
Das ist mir zu teuer.	hād̲ā t̲-t̲amanu ġālin ᶜalayya.	هذا الثمن غالٍ عليَّ.
Haben Sie auch etwas Preiswerteres?	hal ladayka ᵓayḍan šayᵓun bi-t̲amanin munāsib?	هل لديك أيضا شيء بثمن مناسب؟
Können Sie mir mit dem Preis etwas entgegenkommen?	hal yumkinuka taḫfīḍu t̲-t̲amani min faḍlik?	هل يمكنك تخفيض الثمن من فضلك؟
Haben Sie ein Sonderangebot?	hal ladayka ᶜarḍun ḫāṣṣ?	هل لديك عرض خاص؟
Kann ich mit (dieser) Kreditkarte zahlen?	hal yumkinunī ᵓan ᵓadfaᶜa bi-biṭāqati l-iᵓtimān (hād̲ihi)?	هل يمكنني أن أدفع ببطاقة الائتمان (هذه)؟
Ich hätte gerne eine Quittung.	ᵓawaddu l-ḥuṣūla ᶜalā waṣl.	أود الحصول على وصل.
Wo bekomme ich …?	ᵓayna yumkinunī ᵓan ᵓaḥṣula ᶜalā …?	أين يمكنني أن أحصل على … ؟

Das könnten Sie hören:

Was wünschen Sie?	◂māḏā tawaddu l-ḥuṣūla ᶜalayhi? ماذا تود الحصول عليه؟
Kann ich Ihnen helfen?	◂hal yumkinunī musāᶜadatuk? هل يمكنني مساعدتك؟
Danke, ich sehe mich nur um.	šukran, ᵓana ᵓawaddu faqaṭ ruᵓyata l-maᶜrūḍāt. شكرا، أنا أود فقط رؤية المعروضات.
Ich werde schon bedient.	laqad tamma talbiyatu ṭalabī. لقد تم تلبية طلبي.
Ich hätte gerne ...	kuntu ᵓawaddu ... كنتُ أود ...

Das könnten Sie hören:

Es tut mir leid, wir haben keine ... mehr.	◂ᵓāsifun, lam yaᶜud ladaynā ... آسف، لم يعد لدينا ...
Das gefällt mir nicht so gut.	lā tuᶜǧibunī kaṯīran. لا تعجبني كثيرا.
Können Sie mir noch etwas anderes zeigen?	hal yumkinuka ᵓan turiyanī šayᵓan ᵓāḫar? هل يمكنك أن تريني شيئا آخر؟
Ich muss mir das noch mal überlegen.	yağibu ᵓan ᵓuᶜīda n-naẓara fi l-ᵓamri marratan ᵓuḫrā. يجب أن أعيد النظر في الأمر مرة أخرى.
Das gefällt mir. Ich nehme es.	yuᶜǧibunī hāḏā. sa-ᵓāḫuḏuhu. يعجبني هذا. سآخذه.

Das könnten Sie hören:

Darf es sonst noch etwas sein?	◂hal tawaddu l-ḥuṣūla ᶜalā šayᵓin ᵓāḫar? هل تود الحصول على شيء آخر؟
Danke, das ist alles.	šukran, hāḏā kullu šayᵓ. شكرا، هذا كل شيء.
Haben Sie eine Tüte?	hal ladayka kīs? هل لديك كيس؟
Können Sie es mir für die Reise verpacken?	hal yumkinuka taġlīfu ḏālika li-ᵓaḥmilahu maᶜiyya fī s-safar? هل يمكنك تغليف ذلك لأحمله معي في السفر؟
Können Sie es als Geschenk einpacken?	hal yumkinuka taġlīfahu ka-hadīya? هل يمكنك تغليفه كهدية؟
Können Sie mir das nach Deutschland schicken?	hal yumkinuka ᵓan tursilahu lī ᵓilā ᵓalmānyā? هل يمكنك أن ترسله لي إلى ألمانيا؟
Ich möchte das umtauschen.	ᵓawaddu ᵓistibdāla hāḏā. أود استبدال هذا.
Ich möchte das zurückgeben.	ᵓawaddu ᵓirǧāᶜa hāḏā. أود إرجاع هذا.

Weitere Wörter

Ausverkauf	taṣfiya	تصفية
billig(er)	raḫīṣ (ᵓarḫaṣ)	رخيص (أرخص)
geben	yuᶜṭī	يعطى
Geld	māl	مال
Geschenk	hadīya	هدية
(zu) groß	kabīrun (ǧiddan)	كبيرٌ (جداً)
größer	ᵓakbar	أكبر
kaufen	yaštarī	يشتري
kosten	yatakallafu	يتكلّف
Kreditkarte	biṭāqatu iᵓtimān	بطاقة ائتمان
Quittung	ᵓīṣāl	ايصال
rund	ḥawālay	حوالي
Schaufenster	wāǧihatu l-ᶜarḍ	واجهة العرض
Schlussverkauf	taṣfiyyatu l-biḍāᶜati l-mutabaqiya	تصفية البضاعة المتبقية
Selbstbedienung	ḫidmatu ḏātiyya	خدمة ذاتية
Sonderangebot	ᶜarḍun ḫāṣṣ	عرض خاص
(zu) teuer	ġālin (ǧiddan)	غال (جداً)
Tüte	kīs	كيس
umtauschen	yastabdilu	يستبدل
zeigen	yuẓhiru	يُظهر
zurückgeben	yurǧiᶜu	يُرجِع

Geschäfte

Andenkenladen	maḥallu hadāyā tadkāriyya	محل هدايا تذكارية
Antiquitätengeschäft	maḥallu ᵓantīkāt	محل أنتيكات
Apotheke	ṣaydalīya	صيدلية
Bäckerei	maḫbaz	مخبز
Basar	bāzār	بازار
Blumengeschäft	maḥallu bayᶜi l-ward	محل بيع الورد
Boutique	dukkān	دكان
Buchhandlung	maktaba	مكتبة
Drogerie	maḥallu bayᶜi mustaḥḍarāti t-taǧmīli wa-ᵓadawāti n-naẓāfa	محل بيع مستحضرات التجميل وأدوات النظافة
Einkaufszentrum	markazu t-tasawwuq	مركز التسوق
Elektrohandlung	maḥallu l-muntaǧāti l-ᵓiliktrūniyya	محل المنتجات الإلكترونية
Feinkostgeschäft	maḥallu l-madāqi r-rafīᶜ	محل المذاق الرفيع
Fischgeschäft	maḥallu l-ᵓasmāk	محل الأسماك
Fleischerei	maḥallu ǧizāra	محل جزارة
Fotogeschäft	maḥallu taṣwīr	محل تصوير
Friseur	ḥallāq	حَلاَّق
Gemüsehändler	bāᵓiᶜ ḫuḍār	بائع خضار
Haushaltswaren	ᵓadawātun manziliyya	أدوات منزلية

Juwelier	ṣāᵓiġ	صائغ
Kaufhaus	matǧaru tasawwuq	متجر تسوق
Kiosk	kušk	كشك
Konditorei	maḥallu ḥalawiyyāt	محل حلويات
Lebensmittelgeschäft	maḥallu mawādin ġiḏāᵓiyya	محل مواد غذائية
Lederwarengeschäft	maḥallu baḍāᵓiᶜin ǧildiyya	محل بضائع جلدية
Markt	sūq	سوق
Musikgeschäft	maḥallu bayᶜi muntaǧātin musīqiyya	محل بيع منتجات موسيقية
Obst- und Gemüse	fawākihu wa-ḫuḍrāwāt	فواكه- وخضراوات
Optiker	naẓārātī	نظاراتي
Parfümerie	maḥallu l-ᶜuṭūr	محل العطور
Reinigung	maḥallu tanẓīf	محل تنظيف
Schreibwarengeschäft	maḥallu lawāzimi l-kitāba	محل لوازم الكتابة
Schuhgeschäft	maḥallu ᵓaḥḏiyya	محل أحذية
Schuhmacher	ᵓiskāfī	إسكافي
Sportgeschäft	maḥallu l-lawāzimi r-riyāḍiyya	محل اللوازم الرياضية
Supermarkt	suber market	سوبرماركت
Süßwaren	ḥalawiyyāt	حلويات
Tabakwaren	muntaǧātu t-tabġ	منتجات التبغ
Uhrmacher	sāᶜātī	ساعاتي

Waschsalon	maḥallu ġasli l-malābisi ḏātiyyan	محلِ غسل الملابس ذاتيا
Wurstwaren	muntaǧātu s-suǧuq	منتجات السجق
Zeitungsstand	ṣundūqu l-ǧarāᵓid	صندوق الجرائد

Lebensmittel

Was ist das?	mā hāḏā?	ما هذا؟
Bitte geben Sie mir ...	ᵓaᶜṭinī min faḍlik …	أعطني من فضلك …
– 100 Gramm ...	– miᵓata ǧrām …	– ١٠٠ جرام …
– 1 Pfund ...	– niṣfa kīlo …	– نصف كيلو …
– 1 Kilo ...	– kīlo wāḥid …	– كيلو واحد …
– 1 Liter ...	– litran wāḥidan …	– لترا واحدا …
– 1 halben Liter ...	– niṣfa litrin …	– نصف لتر …
– 4 Scheiben ...	– ᵓarbᶜa šarāᵓiḥ …	– أربع شرائح …
– 1 Stück ...	– qitᶜaṭan wāḥida …	– قطعة واحدة …

Das könnten Sie hören:

Darf es etwas mehr sein?
◂hal min al-mumkini ᵓan yazīda ᶜan ḏālik?
هل من الممكن أن يزيد عن ذلك؟

Etwas weniger bitte.
ᵓaqallu min ḏālika min faḍlik.
أقل من ذلك من فضلك.

Etwas mehr bitte. ᵓakṯaru min ḏālika min faḍlik.
أكثر من ذلك من فضلك.

Kann ich probieren? hal yumkinunī ᵓan ᵓuǧarribuhā?
هل يمكنني أن أجربها؟

Weitere Wörter

Ananas	ᵓanānās	أناناس
Apfel	tuffāḥ	تفاح
Apfelsaft	ᶜaṣīru tuffāḥ	عصير تفاح
Aprikose	mišmiš	مشمش
Artischocke	ḫuršūf	خرشوف
Aubergine	bāḏinǧān	باذنجان
Avocado	ᵓavukadu	أفوكادو
Banane	mawz	موز
Basilikum	rayḥān	ريحان
Bier	bīra	بيرة
Bier, alkoholfreies	bīra ḫāliya mina l-kuḥūl	بيرة خالية من الكحول
Birne	kummiṯrā	كمثرى
Bohnen, grüne	fāṣūliyā ḫaḍrāᵓ	فاصوليا خضراء
Bohnen, weiße	fāṣūliyā bayḍāᵓ	فاصوليا بيضاء
Brokkoli	brukulī	بروكلي
Brot	ḫubz	خبز

Butter	zubd	زبد
Chicorée	šīkūriyā	شيكوريا
Datteln	tamr	تَمر
Ei	bayḍa	بيضة
Eis	ᵓais krem	أيس كريم
Erbsen	bāzillāᵓ	بازلاء
Erdbeeren	farāwla	فراولة
Erdnüsse	fūl sūdānī	فول سوداني
Essig	ḫall	خل
Esskastanien	ᵓabū farw	أبو فرو
Estragon	tarḫūn	ترخون
Fisch	samak	سمك
Fleisch	laḥm	لحم
Geflügel	dawāǧin	دواجن
Gemüse	ḫuḍrawāt	خضروات
Gewürze	tawābil	توابل
Grieß	burġul	برغل
Gurke (Salatgurke)	ḫiyār	خيار
Gurken, eingelegte	ḫiyārun muḫallal	خيار مخلل
Hackfleisch	laḥmun mafrūm	لحم مفروم
Hähnchen	daǧāǧ	دجاج
Haferflocken	hubūbu š-šūfān	حبوب الشوفان
Haselnuss	bunduq	بندق
Himbeeren	tūtun šawkī	توت شوكي

Honig	ᶜasal	عسل
Joghurt	zabādī	زبادي
Kaffee	qahwa	قهوة
Kakao	kākāw	كاكاو
Kalbfleisch	laḥmu l-ᶜiğl	لحم العجل
Kardamom	ḥabbahān	حَبَّهان
Kartoffeln	baṭāṭis	بطاطس
Käse	ğubn	جبن
Kekse	baskawīt	بسكويت
Ketchup	katšab	كاتشاب
Kirschen	kuraiz	كريز
Kiwi	kīwī	كيوي
Knoblauch	ṯūm	ثوم
Kokosmilch	labanu ğawzi l-hind	لبن جوز الهند
Konservierungs-stoffe, ohne	mawād ḥāfiẓa, bi-dūn	مواد حافظة، بدون
Kotelett	kustalīta	كستليتة
Kräuter	ᵓaᶜšāb	أعشاب
Kräutertee	šāyun min mustaḥḍarāti l-ᵓaᶜšāb	شاي من مستحضرات الأعشاب
Kuchen	gātū	جاتوه
Lammfleisch	laḥmu ḫarūf	لحم خروف
Lauch	kurrāṯ	كُرّاث
Limonade	līmunāda	ليمونادة

Mais	ḏura	ذرة
Mango	māngo	مانجو
Margarine	samnun nabāti	سمن نباتي
Marmelade	murraba	مربة
Melone	baṭṭīḫ	بطيخ
Milch	ḥalīb	حليب
Milch, fettarme	ḥalībun qalīlu d-duhn	حليب قليل الدهن
Mineralwasser mit Kohlensäure	māʾun maᶜdaniyyun bi-ḥimḍi l-karbūnīk	ماء معدني بحمض الكربونيك
Mineralwasser ohne Kohlensäure	māʾun maᶜdaniyyun bi-dūni ḥimḍi l-karbūnīk	ماء معدني بدون حمض الكربونيك
Möhren	ǧazar	جَزَر
Müsli	kurn flīks	كورن فليكس
Nektarine	zalīqa	زليقة
Nudeln	makarūna	مكرونة
Obst	fākiha	فاكهة
Öl	zayt	زيت
Ölsardinen	sardīnun bi-z-zayt	سردين بالزيت
Oliven	zaytūn	زيتون
Olivenöl	zaytu z-zaytūn	زيت الزيتون
Orange	burtuqāl	برتقال
Orangensaft	ᶜaṣīru burtuqāl	عصير برتقال
Oregano	mardūqšun šāʾiᶜ	مردوقش شائع
Paprika (Gewürz)	filfil	فلفل

Paprikaschote	filfil ḥulw	فلفل حلو
Peperoni	šaṭṭa	شطة
Petersilie	baqdūnis	بقدونس
Pfeffer	filfil	فلفل
Pfirsich	ḫawḫ	خوخ
Pflaume	barqūq	برقوق
Pilze	fuṭrīyāt	فطريات
Reis	ᵓaruzz	أرز
Rindfleisch	laḥmu l-baqar	لحم البقر
Rosmarin	ḥaṣā lubān	حصى لبان
Rotwein	nabīḏun ᵓaḥmar	نبيذ أحمر
Saft	ᶜaṣīr	عصير
Sahne	qišṭa	قشطة
Salami	salāmī	سلامي
Salat	salaṭa	سَلطَة
Salz	milḥ	ملح
Schafskäse	ǧubnun ᵓabyaḍ	جبن أبيض
Schinken	laḥmun mumallaḥun min faḫḏi l-ḫinzīr	لحم مُمَلَّح من فخذ الخنزير
Schnittlauch	ṯūm muᶜammar	ثوم معمر
Schnitzel	šarīḥatu laḥm	شريحة لحم
Schokolade	šīkūlāta	شيكولاتة
Schwarzbrot	ḫubzun ᵓasmar	خبز أسمر
Schweinefleisch	laḥmu ḫinzīr	لحم خنزير
Spargel	hilyaun	هليَون

Spinat	sabāniḫ	سبانخ
Steak	šarīḥatu laḥmin muḥammara	شريحة لحم محمرة
Süßstoff	sakārīn	سَكارين
Tee	šāyy	شاي
Thunfisch	samaku t-tūna	سمك التونة
Thymian	zaᶜtar	زعتر
Tomate	ṭamāṭim	طماطم
Vollkornbrot	ḫubzun ḫašin	خبز خشن
Walnuss	ǧawz	جوز
Wassermelone	baṭṭīḫa	بطيخة
Wein	nabīḏ	نبيذ
Weintraube	ᶜinab	عِنب
Weißbrot	ḫubzun ᵓabyaḍ	خبز أبيض
Weißwein	nabīḏun ᵓabyaḍ	نبيذ أبيض
Wurst	suǧuq	سجق
Würstchen	suǧuqun ṣaǧīr	سجق صغير
Zitrone	laymūn	ليمون
Zucchini	kūsa	كوسة
Zucker	sukkar	سكر
Zwieback	muqarmišāt	مقرمشات
Zwiebel	baṣal	بصل

Souvenirs

Ich möchte ...	ᵓawaddu ...	أود . . .
– ein hübsches Andenken.	– tiḏkāran ǧamīlan.	– تذكارا جميلا.
– ein Geschenk.	– hadīya.	– هدية.
– etwas Typisches aus dieser Gegend.	– šayᵓan tatamayyazu bi-hi hāḏihi l-manṭiqa.	– شيئا تتميز به هذه المنطقة.
Ist das Handarbeit?	hal hāḏā maṣnūᶜun bi-l-yadd?	هل هذا مصنوع باليد؟
Ist das antik?	hal hāḏā ᵓantīka?	هل هذا أنتيكة؟
Ist das echt?	hal hāḏā ᵓaṣlī?	هل هذا أصلي؟

Weitere Wörter

Adresse	ᶜunwān	عنوان
Alabaster	ruḫāmun ᵓabyaḍ	رخام أبيض
Andenken	tiḏkār	تذكار
antik	ᵓantīka	أنتيكة
Antiquitäten	ᵓantikātun yadawiyyatu ṣ-ṣunᶜ	أنتيكات يدوية الصنع
Backgammon	luᶜbatu ṭ-ṭāwila	لعبة الطاولة
Baumwolle	quṭn	قُطن
Becher	qadaḥ	قدح
Bernstein	kahramān	كهرمان

chemische Farben	ᶜalwānun ṣināᶜiyya	ألوان صناعية
Druckkattun	nasīǧun quṭniyyun maṭbūᶜ	نسيج قطني مطبوع
echt	ḥaqīqiyy	حقيقي
Emaille	mīnā muzaǧǧaǧ	مينا مزجج
Fayence	qīšānī	قيشاني
Flachgewebe	nasīǧun mustawin	نسيج مستو
Fußreif	ḫalḫāl	خلخال
Gebetskette	subḥatu ṣ-ṣalāt	سبحة الصلاة
Gebetsnische (als Teppichdekor)	miḥrāb	محراب
Gebetsteppich	siǧādatu ṣ-ṣalāt	سجادة الصلاة
Gegend	manṭiqa	منطقة
Gürtel	ḥizām	حزام
Handarbeit	ᶜamal yadawī	عمل يدوي
Handtasche	ḥaqībatu yadd	حقيبة يد
Holztruhe	ṣundūqun ḫašabī	صندوق خشبي
Kelim	kilīm	كليم
Keramik	ḫazaf	خزف
Koffer	ḥaqība	حقيبة
Kopftuch (handgefärbt)	wišāḥun	وشاح
Korankästchen	ᶜulbatun li-ḥifẓi l-qurᵓān	علبة لحفظ القرآن
Korb	salla	سلة

Kunsthandwerk	fannu ṣ-ṣinā^cati l-yadawiyya	فن الصناعة اليدوية
Kupfer	nuḥās	نحاس
Kupferkännchen	ᵓibrīqun nuḥāsī	إبريق نحاسي
Kupferkessel	ġallāyatun nuḥāsiyya	غلاية نحاسية
Kupfertablett	ṣīniyya nuḥāsiyya	صينية نحاسية
Läufer	maššāya	مشاية
Leder	ğild	جِلد
Lederjacke	miᶜṭafun ğildī	معطف جلدي
Ledertasche	ḥaqībatun ğildiyya	حقيبة جلدية
Lesepult (für den Koran)	minaṣṣa	منصة
Marmor	ruḥām	رخام
Meerschaum	zabadu l-baḥr	زبد البحر
Messing	nuḥāsun ᵓaṣfar	نحاس أصفر
Nomadenkelim	kilīmun badawī	كليم بدوي
Onyx	ğazᶜ	جزع
Parfüm	ᶜiṭr	عطر
Parfümflakon	qārūratu ᶜiṭr	قارورة عطر
Perlmutt	ṣadaf	صدف
Pfeife	bāyb	بايب
Pflanzenfarben	ᵓalwānun nabātiyya	ألوان نباتية
Rechnung	ḥisāb	حساب
Reisetasche	ḥaqībatu s-safar	حقيبة السفر

Salzfass	mallāḥa	ملاّحة
Schachtel	ᶜulba	علبة
schicken	yursilu	يرسل
Schminktöpfchen	ᶜulbatu t-tazyīn	علبة التزيين
Schmuck	ḥulīy	حليّ
Schnabelkännchen	ᵓibrīq	إبريق
Schuhputzerkasten	ṣundūqu talmīᶜi l-ᵓaḥḏiyya	صندوق تلميع الأحذية
Seide	ḥarīr	حرير
Stickerei	taṭrīz	تطريز
Tablett	ṣīnīya	صينية
Tablettständer	rafu ṣ-ṣawānī	رف الصواني
Tässchen	finǧānun ṣaġīr	فنجان صغير
Teekanne	ᵓibrīqu šāyy	إبريق شاي
Teetablett	ṣīniyyatu š-šāyy	صينية الشاي
Teller (handbemalt)	ṣaḥn	صحن
Tischchen	māᵓidatun ṣaġīra	مائدة صغيرة
Tonschmortopf	wiᶜāᵓun ḫazafiyyun li-t-taḥmīr	وعاء خزفي للتحمير
typisch	mumayyiz	مميز
Wasserpfeife	šīša	شيشة
Wolle	ṣūf	صوف
Zertifikat	šahāda	شهادة
Ziegenhaar	šaᶜru l-māᶜiz	شعر الماعز
Zinn	qaṣdīr	قصدير

Kleidung

Kleidung kaufen

Ich suche ... | ᵓabḥaṯu ᶜan …
أبحث عن ...

Das könnten Sie hören:

Welche Größe haben Sie? | ◂mā huwa maqāsuk?
ما هو مقاسك؟

Ich habe Größe ... | maqāsī huwa …
مقاسي هو ...

Ich habe die deutsche Größe ... | ladayya l-maqāsu l-ᵓalmānī …
لدي المقاس الألماني ...

Haben Sie das auch in Größe ...? | hal ladayka hāḏā ᵓayḍan bi-maqās …?
هل لديك هذا أيضا بمقاس ... ؟

Haben Sie das auch in einer anderen Farbe? | hal ladayka hāḏā ᵓayḍan bi-lawnin ᵓāḫar?
هل لديك هذا أيضا بلون آخر؟

▸ *Farben, S. 127*

Kann ich das anprobieren? | hal yumkinunī ᵓan ᵓuǧarriba hāḏā?
هل يمكنني أن أجرب هذا؟

Wo ist ein Spiegel? | ᵓayna tūǧadu l-mirᵓāt?
أين توجد المرآة؟

Wo sind die Umkleidekabinen? | ᵓayna tūǧadu kābīnātu taġyīri l-malābis?
أين توجد كابينات تغيير الملابس؟

Welches Material ist das?	mā nawᶜu hāḏā l-qumāš?	ما نوع هذا القماش؟
▸ *Stoffe und Materialien, S. 127*		
Es steht mir nicht.	lā yunāsibunī.	لا يناسبني.
Das passt mir nicht.	laysa maqāsī.	ليس مقاسي.
Das ist mir zu klein.	hāḏā ṣaġīrun ǧiddan ᶜalayya.	هذا صغير جداً عليّ.
Das ist mir zu groß.	hāḏā kabīrun ǧiddan ᶜalayya.	هذا كبير جداً عليّ.
Das passt gut.	hāḏā munāsib.	هذا مناسب.

Reinigung

Ich möchte das reinigen lassen.	ᵓurīdu tanẓīfa hāḏā.	أريد تنظيف هذا.
Können Sie diesen Fleck entfernen?	hal yumkinuka ᵓizālatu hāḏihi l-buqᶜa?	هل يمكنك إزالة هذه البقعة؟
Wann kann ich es abholen?	matā yumkinunī l-ḥuḍūru li-ᵓāḫuḏu?	متى يمكنني الحضور لآخذه؟

Stoffe und Materialien

Baumwolle	quṭn	قطن
Damast	nasīǧun ḥarīriyy	نسيج حريري
Fleece	ṣūfun nāᶜimun manfūš	صوف ناعم منفوش
Kaschmir	kašmīr	كشمير
Leder	ǧild	جلد
Leinen	kattān	كتان
Mikrofaser	polīster nāᶜim	بوليستر ناعم
Naturfaser	polīster ṭabīᶜiyy	بوليستر طبيعي
Schafwolle	ṣūfu l-ḫarūf	صوف الخروف
Schurwolle, reine	ṣūfu l-ġanam ṭabīᶜī	صوف الغنم طبيعي
Seide	ḥarīr	حرير
Synthetik	nasīǧun ṣināᶜiyy	نسيج صناعي
Wildleder	ǧildu l-ᵓayyil	جلد الأيّل
Wolle	ṣūf	صوف

Farben

beige	bīǧ	بيج
blau	ᵓazraq	أزرق
braun	bunnī	بُني
bunt	mutaᶜaddidu l-ᵓalwān	متعدد الألوان

dunkelblau	ᵓazraqun ġāmiq	أزرق غامق
dunkelrot	ᵓaḥmarun ġāmiq	أحمر غامق
einfarbig	ᵓuḥādiyyu l-lawn	أحادي اللون
gelb	ᵓaṣfar	أصفر
golden	ḏahabī	ذهبي
grau	ramādī	رمادي
grün	ᵓaḫḍar	أخضر
hellblau	ᵓazraq fātiḥ	أزرق فاتح
lila	banafsağī	بنفسجي
pink	wardiyyun fātiḥ	وردي فاتح
rosa	wardī	وردي
rot	ᵓaḥmar	أحمر
schwarz	ᵓaswad	أسود
silbern	fiḍḍī	فضي
türkis	tirkuwāz	تركواز
weiß	ᵓabyaḍ	أبيض

Weitere Wörter

Anorak	miᶜṭafun ḍidda r-rīḥi ḏū qalansuwa	معطف ضد الريح ذو قلنسوة
Anzug	badla	بدلة
Ärmel, kurze	ᵓakmām qaṣīra	أكمام قصيرة
Ärmel, lange	ᵓakmām ṭawīla	أكمام طويلة
Badeanzug	libāsu istiḥmām	لباس استحمام
Badehose	māyū	مايوه

Bademantel	rūbu l-ḥammām	روب الحمام
BH	suntiyān	سونتيان
Bikini	bikkīnī	بكيني
Blazer	blīzar	بليزر
Bluse	blūza	بلوزة
Gürtel	ḥizām	حزام
Halstuch	šāl	شال
Handschuhe	qafāfīz	قفافيز
Hemd	qamīṣ	قميص
Hose	sirwāl	سروال
Hut	qubbaᶜa	قبعة
Jacke	miᶜṭaf	معطف
Jeans	ğīnz	جينز
Jogginghose	sirwālu ğarī	سروال جري
Kleid	libās	لباس
Kostüm	tāyīr	تايير
Krawatte	rabṭatu l-ᶜunuq	ربطة العنق
kurz	qaṣīr	قصير
lang	ṭawīl	طويل
Leder	ğild	جلد
Leggins	strītš	ستريتش
Mantel	miᶜṭaf	معطف
Mikrofaser	polīster nāᶜim	بوليستر ناعم
Mütze	ṭāqīya	طاقية
Pullover	bulūvar	بلوفر
Regenjacke	miᶜṭafu maṭar	معطف مطر

Regenmantel	bāltū maṭar	بالطو مطر
Reißverschluss	susta	سوستة
Rock	ǧīb	جيب
Sakko	ǧākitta	جاكتة
Schal	šāl	شال
Schlafanzug	biǧāma	بجامة
Shorts	šūrt	شورت
Slip	kālsūn	كالسون
Socken	ǧawārib	جوارب
Sonnenhut	qubbaᶜatu šams	قبعة شمس
Strümpfe	ǧawārib	جوارب
Strumpfhose	ǧawrabun sirwāl	جورب سروال
T-Shirt	tīšīrt	تي شيرت
Unterhemd	fānilla dāẖiliyya	فانلة داخلية
Unterwäsche	malābis dāẖiliyya	ملابس داخلية
Weste	ṣadrīya	صدرية

Schuhe

Ich möchte ein Paar ... ᵓurīdu zawǧa ... أريد زوجَ ...

Das könnten Sie hören:

Welche Schuhgröße haben Sie? ◂ mā huwa maqāsu ḥiḏāᶜik?
ما هو مقاس حذائك؟

Ich habe Schuhgröße ... maqāsu ḥiḏāᵓī huwa ...
مقاس حذائي هو ...

Der Absatz ist zu hoch.	al-kaᶜbu murtafiᶜun ğiddan.	الكعب مرتفع جدا.
Der Absatz ist zu niedrig.	al-kaᶜbu munḫafiḍun ğiddan.	الكعب منخفض جدا.
Sie sind zu groß.	ᵓinnahā kabīra ğiddan.	إنها كبيرة جداً.
Sie sind zu klein.	ᵓinnahā ṣaġīra ğiddan.	إنها صغيرة جداً.
Sie drücken hier.	taḍġaṭu hunā.	تضغط هنا.
Bitte erneuern Sie die Absätze.	ğaddidi l-kaᶜbayn min faḍlik.	جدِّد الكعبين من فضلك.
Bitte erneuern Sie die Sohlen.	ğaddid n-naᶜla min faḍlik.	جدِّد النعل من فضلك.

Weitere Wörter

Badeschuhe	ḥiḏāᵓu istiḥmām	حذاء استحمام
Bergschuhe	ḥiḏāᵓu t-tasalluq	حذاء التسلق
Einlegsohlen	faršatu l-ḥiḏāᵓ	فرشة الحذاء
eng	ḍayyiq	ضَيِّق
Größe	maqās	مقاس
Gummistiefel	ḥiḏāᵓun maṭṭāṭī	حذاءٌ مطاطي
Halbschuhe	ḥiḏāᶜun qaṣīr	حذاءٌ قصير
Ledersohle	naᶜlun ğildī	نعلٌ جلدي

Pumps	ḥiḏāᵓun lā yuġaṭṭī ẓahra l-qadam	حذاء لا يغطي ظهر القدم
Sandalen	ṣandal	صندل
Schnürsenkel	ribāṭu l-ḥiḏāᵓ	رباط الحذاء
Schuhcreme	krīmu ᵓaḥḏiya	كريم أحذية
Schuhe	ḥiḏāᵓ	حذاء
Schuhputzmittel	mādatun li-masḥi l-ᵓaḥḏiya	مادة لمسح الأحذية
Stiefel	būt	بوت
Turnschuhe	ḥiḏāᵓun riyāḍī	حذاءٌ رياضي
Wanderschuhe	ḥiḏāᵓu taǧawwul	حذاء تجول
Wildleder	ǧildu l-ᵓayyil	جلد الأيّل

Körperpflege

allergiegetestet	muḫtabarun ḍidda l-ḥasāsīya	مُختَبرٌ ضد الحساسية
Babyfläschchen	raḍḍāᶜa	رضاعة
Babypuder	būdratu ᵓaṭfāl	بودرة أطفال
Binden (Damenbinden)	ḥifāẓāt	حفاظات
Bürste	furša	فُرشة
Deo	muzīlu l-ᶜaraq	مُزيل العرق
Duschgel	ǧīl istiḥmām	جيل استحمام
feuchte Tücher	fuwaṭun muballala	فوطٌ مبللة
Haargel	ǧīlu šaᶜr	جيل شعر

Haargummi	rābiṭatu ša^{c}r	رابطة شعر
Haarklammern	mišbaku ša^{c}r	مشبك شعر
Haarspange	binsatu ša^{c}r	بنسة شعر
Haarspray	raḏāḏu š-š^{c}ar	رذاذ الشعر
Handcreme	marhamun li-l-yad	مرهم لليد
Kajalstift	qalamu l-kuḥl	قلم الكحل
Kamm	mišṭ	مشط
Körperlotion	lūṯiyūn li-dahni l-ğism	لوثيون لدهن الجسم
Kondome	kabābīd	كبابيد
Kosmetiktücher	manādīlu t-taziyyun	مناديل التزين
Lichtschutzfaktor	miqyāsu l-ḥimāyati min ^{ɔ}aši^{cc}ati š-šams	مقياس الحماية من أشعة الشمس
Lidschatten	ḫaṭṭu l-ğafn	خط الجفن
Lippenpflegestift	ṭilā^{ɔ}u l-^{c}ināyati bi-š-šifāh	طلاء العناية بالشفاه
Lippenstift	ṭilā^{ɔ}u š-šifāh	طلاء الشفاه
Mückenschutz	mādatun ṭāridatun li-n-nāmūs	مادة طاردة للناموس
Nachtcreme	krīmun layliyyun li-l-wağh	كريم ليلي للوجه
Nagelbürste	furšatu tanẓīfi l-^{c}aẓāfīr	فرشة تنظيف الأظافير
Nagelfeile	mibradu l-^{ɔ}aẓāfīr	مبرد الأظافير
Nagellack	ṭilā^{ɔ}u l-^{ɔ}aẓāfīr	طلاء الأظافير
Nagellackentferner	muzīlu ṭilā^{c}i l-^{ɔ}aẓāfīr	مُزيل طلاء الأظافير

Nagelschere	miqaṣṣu l-ᵓaẓāfīr	مقص الأظافير
Papiertaschentücher	manādīlu waraqiyya	مناديل ورقية
Parfüm	ᶜiṭr	عطر
parfümfrei	ḫālin min al-ᶜiṭr	خال من العطر
Pflaster	laṣūq	لصوق
Pinzette	milqaṭ	ملقط
Rasierklinge	šafratu l-ḥilāqa	شفرة الحلاقة
Rasierschaum	raġwatu l-ḥilāqa	رغوة الحلاقة
Reinigungsmilch	sāᵓilu tanẓīfi l-wağh	سائل تنظيف الوجه
Rouge	qalamu rūğ	قلمُ روج
Sauger	ḥalmatu l-bazzāza	حلمة البزازة
Schaumfestiger	muṯabbitu l-raġwa	مُثبِّت الرغوة
Schnuller	bazzāza	بزازة
Seife	ṣābūn	صابون
Shampoo	šāmbū	شامبو
Sonnencreme	krīmun li-l-wiqāyati min ᵓašiᶜᶜati š-šams	كريم للوقاية من أشعة الشمس
Sonnenmilch	sāᵓilun li-l-wiqāyati min ᵓašiᶜᶜati š-šams	سائل للوقاية من أشعة الشمس
Spiegel	mirᵓāt	مرآة
Tagescreme	krīmun li-l-istiᶜmāli ᵓaṯnāᵓa n-nahār	كريم للاستعمال أثناء النهار
Tampons	sidādāt quṭn	سدادات قطن
Toilettenpapier	waraqu t-tuwālīt	ورق التواليت
Waschlappen	nasīğatu l-ġasl	نسيجة الغسل

Waschmittel	mādatu l-ġasīl	مادة الغسيل
Watte	quṭnun ṭibbī	قطن طبي
Wattestäbchen	ᵓaᶜwādu quṭnin ṭibbī	أعواد قطن طبي
Wimperntusche	ṣabġatu r-rumūš	صبغة الرموش
Zahnbürste	furšatu ᵓasnān	فرشة أسنان
Zahnpasta	maᶜǧūnu ᵓasnān	معجون أسنان
Zahnseide	ḫayṭu tanẓīfi l-ᵓasnān	خيط تنظيف الأسنان
Zahnstocher	ḫilālu l-ᵓasnān	خِلال الأسنان

Haushalt

Alufolie	waraqu aluminyum	ورق ألومنيوم
Babyfon	telīfūnu mulāḥaẓati l-ᵓaṭfāl	تليفون ملاحظة الأطفال
Besen	kannāsa	كناسة
Brennspiritus	spirtū ᵓaḥmar	سبرتو أحمر
Dosenöffner	fattāḥatu ᶜulab	فتاحة علب
Eimer	dalw	دلو
Feuerzeug	wallāᶜa	ولاعة
Flaschenöffner	fattāḥatu zuǧāǧāt	فتاحة زجاجات
Fleckentferner	muzīlu l-buqaᶜ	مزيل البقع
Frischhaltefolie	waraqu ḥifẓi l-maᵓkūlāt	ورق حفظ المأكولات
Gabel	šawka	شوكة
Glas	kūbun zuǧāǧī	كوب زجاجي

Glühlampe	miṣbāḥun kahrabāʾī	مصباح كهربائي
Grillanzünder	mušʿilu š-šawwāya	مشعل الشوايه
Grillkohle	faḥmu š-šawwāya	فحم الشوايه
Insektenspray	radād ḍidda l-ḥašarāt	رذاذ ضد الحشرات
Kerzen	šumūʿ	شموع
Korkenzieher	fattāḥatun barrīma	فتَاحة بريمة
Küchenrolle	bakratu manādīli l-maṭbaḫ	بكرة مناديل المطبخ
Kühltasche	kīsun li-ḥifẓi l-burūda	كيس لحفظ البرودة
Löffel	milʿaqa	ملعقة
Messer	sikkīn	سكين
Nähgarn	ḫayṭ	خيط
Nähnadel	ʾibratu ḫiyāṭa	إبرة خياطة
Pfanne	miqlāt	مقلاة
Plastikbecher	qadaḥun blāstīkī	قدح بلاستيكي
Plastikbesteck	ʾadawātu l-māʾidati min al-blāstīk	أدوات المائدة من البلاستيك
Plastikteller	ṭabaqun blāstikī	طبق بلاستيكي
Reinigungsmittel	mādatun munaẓẓifa	مادة منظفة
Schere	miqaṣṣ	مقص
Servietten	manādīlu s-sufra	مناديل السفرة
Sicherheitsnadel	mišbaku ʾamān	مشبك أمان
Spülmittel	mādatu ġasīl	مادة غسيل
Spültuch	fūṭatu ġasīl	فوطة غسيل

Streichhölzer	ᵓaᶜwādu ṯiqāb	أعواد ثقاب
Taschenmesser	miṭwāt	مطواة
Tasse	finǧān	فنجان
Teller	ṭabaq	طبق
Thermosflasche	tirmūs	ترموس
Topf	qidr	قِدر
Wäscheklammern	mašābiku l-ġasīl	مشابك الغسيل
Wäscheleine	ḥablu l-ġasīl	حبل الغسيل
Waschpulver	masḥūqu l-ġasīl	مسحوق الغسيل
Wischlappen	mimsaḥatun li-t-tanẓīf	ممسحة للتنظيف

Optiker

Meine Brille ist kaputt.
naẓẓāratī taᶜarḍat li-t-talaf.
نظارتي تعرضت للتلف.

Können Sie das reparieren?
hal yumkinuka ᵓiṣlāḥu hāḏā?
هل يمكنك إصلاح هذا؟

Ich möchte eine Sonnenbrille.
ᵓurīdu naẓẓāratan šamsiyya.
أريد نظارة شمسية.

Ich hätte gerne Eintageslinsen.
ᵓawaddu l-ḥuṣūla ᶜalā ᶜadasātin li-l-istiᶜmāli l-yawmī.
أود الحصول على عدسات للاستعمال اليومي.

Ich bin kurzsichtig.
ᵓanā qaṣīru n-naẓar.
أنا قصير النظر.

Ich bin weitsichtig.	ʾanā ṭawīlu n-naẓar.	أنا طويل النظر.

Das könnten Sie hören:

Haben Sie einen Brillenpass?	◂hal ladayka daftaru maqāsāti n-naẓẓāra?	هل لديك دفتر مقاسات النظارة؟
Haben Sie einen Kontaktlinsenpass?	◂hal ladayka daftaru l-ʿadasāti l-lāṣiqa?	هل لديك دفتر العدسات اللاصقة؟
Wie viel Dioptrien haben Sie?	◂mā hiya quwwatu darağati l-inkisāri ladayk?	ما هي قوة درجة الانكسار لديك؟
Ich habe links ... Dioptrien und rechts ... Dioptrien.	quwwatu darağati l-inkisāri ladayya ... yasāran wa- ... yamīnan.	قوة درجة الانكسار لدي ... يساراً و ... يميناً.
Ich habe eine Kontaktlinse verloren.	laqad faqadtu ʾiḥdā l-ʿadasāti l-lāṣiqa.	لقد فقدت إحدى العدسات اللاصقة.
Ich habe eine Kontaktlinse kaputt gemacht.	laqad ʾatlaftu ʾiḥdā l-ʿadasāti l-lāṣiqa.	لقد أتلفت إحدى العدسات اللاصقة.
Ich brauche Aufbewahrungslösung für harte Kontaktlinsen.	ʾaḥtāğu ʾilā maḥlūlin li-ḥifẓi ʿadasātin ṣulba.	أحتاج إلى محلول لحفظ عدسات صلبة.

Ich brauche Aufbewahrungslösung für weiche Kontaktlinsen.	ᵓaḥtāğu ᵓilā maḥlūlin li-ḥifẓi ᶜadasātin layyina. أحتاج إلى محلول لحفظ عدسات لينة.
Ich brauche Reinigungslösung für harte Kontaktlinsen.	ᵓaḥtāğu ᵓilā maḥlūlin li-tanẓīfi ᶜadasātin ṣulba. أحتاج إلى محلول لتنظيف عدسات صلبة.
Ich brauche Reinigungslösung für weiche Kontaktlinsen.	ᵓaḥtāğu ᵓilā maḥlūlin li-tanẓīfi ᶜadasātin layyina. أحتاج إلى محلول لتنظيف عدسات لينة.

Fotoartikel

Ich hätte gern ...	kuntu ᵓawaddu l-ḥuṣūla ᶜalā ... كنت أود الحصول على ...
– eine Speicherkarte.	– biṭāqata ḥifẓi l-maᶜlūmāt. – بطاقة حفظ المعلومات.
– einen USB-Stick.	– waḥdata taḫzīni yū es bī. – وحدة تخزين يو اس بي.
– einen Film für diesen Apparat.	– filman li-hāḏihi l-kāmirā. – فيلم لهذه الكاميرا.
– einen Diafilm.	– filma šarāᵓiḥ. – فيلم شرائح.

Ich hätte gerne Batterien für diesen Apparat.	ᵓawaddu l-ḥuṣūla ᶜalā baṭṭāriyyātin li-hāḏihi l-kāmīrā.	أود الحصول على بطاريات لهذه الكاميرا
Kann ich hier Fotos ausdrucken?	hal yumkinunī ṭabᶜu ṣ-ṣuwar hunā?	هل يمكنني طبع الصور هنا؟
Die Abzüge bitte glänzend, im Format ... mal ...	yağibu ᵓan takūna ṣ-ṣuwaru lāmiᶜatun, bi-ḥağmi … fī … min faḍlik.	يجب أن تكون الصور لامعة، بحجم ... في ... من فضلك.
Wann sind die Bilder fertig?	matā sa-takūnu ṣ-ṣuwaru ğāhiza?	متى ستكون الصور جاهزة؟
Können Sie die Bilder von meiner Kamera auf ... brennen?	hal yumkinukum naqlu ṣ-ṣuwar min ᵓālatī li-t-taṣwīri ᵓilā …?	هل يمكنكم نقل الصور من آلتي للتصوير إلى ... ؟
– CD	– qurṣin mudmağ	– قرص مدمج
– DVD	– dī vī dī	– دي في دي
Können Sie meinen Fotoapparat reparieren?	hal yumkinuka ᵓan tuṣliḥa lī l-kāmīrā?	هل يمكنك أن تصلح لي الكاميرا؟
Das Blitzlicht funktioniert nicht.	ḍawᵓu l-flāši lā yaᶜmal.	ضوء الفلاش لا يعمل.
Ich möchte gerne Passbilder machen lassen.	ᵓawaddu l-ḥuṣūla ᶜalā ṣuwarin li-ğawāzi s-safar.	أود الحصول على صور لجواز السفر.

Weitere Wörter

Akkus	baṭṭāriyyāt qābilatun li-š-šaḥn	بطاريات قابلة للشحن
Belichtungsmesser	miqyāsu ḍ-ḍaw^{ɔ}	مقياس الضوء
Bild	ṣūra	صورة
Blitz	flāš	فلاش
Camcorder	kāmirā vidyū	كاميرا فيديو
Digitalkamera	kāmirā raqmiyya	كاميرا رقمية
Empfindlichkeit	ḥasāsīya	حساسية
filmen	yuṣawwiru fīlman	يصوّر فيلماً
Filmkamera	kāmirā ^{ɔ}aflām	كاميرا أفلام
Filter	filter	فلتر
Ladegerät	šāḥinun	شاحن
Objektiv	^{c}adasatun šay^{ɔ}iyya	عدسة شيئية
Selbstauslöser	ḏātiyyu l-^{c}amal	ذاتي العمل
Speicherkarte	biṭāqatu ḥifẓi l-ma^{c}lūmāt	بطاقة حفظ المعلومات
Speicherkarten-lesegerät	qāri^{ɔ}u biṭāqāti ḥifẓi l-ma^{c}lūmāt	قارئ بطاقات حفظ المعلومات
Spiegelreflexkamera	kāmirā bi-^{c}adasatin ^{c}ākisa	كاميرا بعدسة عاكسة
Teleobjektiv	^{c}adasatun šay^{ɔ}iyyatun li-ltiqāṭi ṣuwarin ^{c}an bu^{c}d	عدسة شيئية لالتقاط صور عن بعد
USB-Stick	waḥdatu taḫzīni yū es bī	وحدة تخزين يو اس بي

UV-Filter	muraššiḥu ᵓašiᶜᶜatin fauqa l-banafsağīya	مرشّح أشعّة فوق البنفسجية
Verbindungskabel	kābilu t-tawṣīl	كابل التوصيل
Videokamera	kāmirā vidyū	كاميرا فيديو
Weitwinkelobjektiv	ᶜadasatun šayᵓiyyatun baᶜīdatu l-madā	عدسة شيئية بعيدة المدى
Zoomobjektiv	ᶜadasatun šayᵓiyyatun muqarriba	عدسة شيئية مقربة

Schreibwaren und Tabakwaren

Ich hätte gerne ... ᵓawaddu l-ḥuṣūla ᶜalā ...
أود الحصول على ...

– eine (deutsche) Zeitung. – ṣaḥīfa (ᵓalmāniyya)
– صحيفة (ألمانية).

– eine Karte der Umgebung. – ḫarīṭata l-manṭiqati l-muḥīṭa.
– خريطة المنطقة المحيطة.

– einen Stadtplan. – ḫarīṭata l-madīna
– خريطة المدينة.

Haben Sie auch eine neuere Zeitung? hal ladayka ğarīdatun ğadīda?
هل لديك جريدة جديدة؟

Haben Sie deutsche Bücher? hal ladayka kutubun ᵓalmāniyya?
هل لديك كتب ألمانية؟

Eine Schachtel Zigaretten mit Filter, bitte.	ᵓaᶜṭinī ᶜulbata saǧāᵓirin bi-filter min faḍlik. أعطني علبة سجائر بفلتر من فضلك.
Eine Schachtel Zigaretten ohne Filter, bitte.	ᵓaᶜṭinī ᶜulbata saǧāᵓirin bi-dūni filter min faḍlik. أعطني علبة سجائر بدون فلتر من فضلك.
Eine Schachtel ..., bitte.	ᵓaᶜṭinī ᶜulbata saǧāᵓirin … min faḍlik. أعطني علبة سجائر ... من فضلك.
Eine Stange ..., bitte.	ᵓaᶜṭinī ḫarṭūša … min faḍlik. أعطني خرطوشة ... من فضلك.
Sind diese Zigaretten stark?	hal hāḏihi s-saǧāᵓiru qawiyya? هل هذه السجائر قوية؟
Ein Päckchen Pfeifentabak, bitte.	ᵓaᶜṭinī ᶜulbata tabġin li-l-bāyb min faḍlik. أعطني علبة تبغ للبايب من فضلك.
Ein Päckchen Zigarettentabak, bitte.	ᵓaᶜṭinī ᶜulbata tabġin li-l-saǧāᵓir min faḍlik. أعطني علبة تبغ للسجائر من فضلك.
Ein Feuerzeug, bitte.	ᵓurīdu wallāᶜatan min faḍlik. أريد ولاعة، من فضلك.
Einmal Streichhölzer, bitte.	ᵓurīdu ᶜuda ṯiqābin min faḍlik. أريد عود ثقاب، من فضلك.

Weitere Wörter

Ansichtskarte	biṭāqatun muṣawwara	بطاقة مصوّرة
Bleistift	qalamu raṣāṣ	قلم رصاص
Briefumschlag	ẓarfu r-rasāʾil	ظرف الرسائل
Druckerpatrone	ḫarṭūšu ṭ-ṭābiʿa	خرطوش الطابعة
Filzstift	qalamun ḥibr	قلم حبر
Illustrierte	mağallatun muṣawwara	مجلة مصورة
Klebeband	šarīṭun lāṣiq	شريط لاصق
Klebstoff	mādatun lāṣiqa	مادة لاصقة
Kochbuch	kitābu ṭ-ṭabḫ	كتاب الطبخ
Krimi	riwāyatun būlīsiyya	رواية بوليسية
Kugelschreiber	qalamu ḥibrin ğāff	قلم حبر جاف
Papier	waraq	ورق
Pfeife	bāyb	بايب
Radiergummi	mimḥāt	ممحاة
Reiseführer	dalīlu r-riḥla	دليل الرحلة
Roman	riwāya	رواية
Schreibblock	nūta	نوتة
Spielkarten	luʿbatu l-waraq	لعبة الورق
Spitzer	mibrāt	مبراة
Straßenkarte	ḫarīṭatu š-šawāriʿ	خريطة الشوارع
Wörterbuch	qāmūs	قاموس
Zigarren	sīğār	سيجار

Sport und Entspannung

Erholungsurlaub

Strand und Schwimmbad

Wo geht es zum Strand?	ᵓayna ṭ-ṭarīqu ᵓilā š-šāṭiᵓ?	أين الطريق إلى الشاطئ؟
Darf man hier baden?	hal yusmaḥu hunā bi-l-istiḥmām?	هل يُسمح هنا بالاستحمام؟
Gibt es hier Strömungen?	hal tūǧadu hunā tayyārāt?	هل توجد هنا تيارات؟
Ist es für Kinder gefährlich?	hal hāḏā ḫaṭarun ᶜalā l-ᵓaṭfāl?	هل هذا خطر على الأطفال؟
Wann ist Ebbe?	matā yaḥduṯu ǧazr?	متى يحدثُ جَزرٌ؟
Wann ist Flut?	matā yaḥduṯu madd?	متى يحدثُ مدٌّ؟
Gibt es hier Quallen?	hal yūǧadu hunā riᵓātu l-baḥr?	هل يوجد هنا رئات البحر؟
Gibt es hier Haie?	hal tūǧadu hunā ᵓasmāku qirš?	هل توجد هنا أسماك قرش؟
Ich möchte … ausleihen.	ᵓurīdu istiᶜārata …	أريدُ استعارةَ …
– einen Liegestuhl	– kursīya istilqāᵓ.	– كرسيَ استلقاء.
– einen Sonnenschirm	– šamsīya.	– شمسيةً.
– ein Boot	– qārib.	– قارب.

Wo kann ich eine Taucherausrüstung ausleihen?	ᵓayna yumkinunī hunā isticāratu cuddatan li-l-ġawṣ?	أين يمكنني هنا استعارة عدةً للغوص؟
Ich möchte einen Tauchkurs machen.	ᵓurīdu ᵓan ᵓacmala dawratan li-tacallumi l-ġaṭs.	أريدُ أن أعمل دورة لتعلم الغطس.
Ich möchte einen Windsurfkurs machen.	ᵓurīdu ᵓan ᵓacmala dawratan li-tacallumi l-milāḥata l-hawāᵓiyya.	أريدُ أن أعمل دورة لتعلم الملاحة الهوائية.
Kann man mit einem Fischerboot mitfahren?	hal yumkinu li-l-marᵓi ᵓan yusāfira macahum bi-qāribi ṣ-ṣayd?	هل يمكن للمرء أن يسافر معهم بقارب الصيد؟
Wie viel kostet es pro Stunde?	kam sicru s-sāca?	كم سعر الساعة؟
Wie viel kostet es pro Tag?	kam sicru l-yawm?	كم سعر اليوم؟
Würden Sie bitte kurz auf meine Sachen aufpassen?	hal yumkinuka ᵓan taḥrusa lī ᵓamticatī li-fatratin qaṣīratin min faḍlik?	هل يمكنك أن تحرس لي أمتعتي لفترة قصيرة من فضلك؟
Gibt es hier ein Freibad?	hal yūğadu hunā masbaḥun makšūf?	هل يوجد هنا مسبح مكشوف؟

Gibt es Schwimmunterricht für Kinder?	hal tūǧadu durūsun li-taᶜlīmi s-sibāḥati li-l-ᵓaṭfāl?	هل توجد دروس لتعليم السباحة للأطفال؟
Gibt es auch ein Kinderbecken?	hal yūǧadu ᵓayḍan masbaḥun li-l-ᵓaṭfāl?	هل يوجد أيضا مسبح للأطفال؟
Welche Münzen brauche ich für das Schließfach?	mā hiya l-ᶜumlātu l-maᶜdaniyyatu l-latī ᵓaḥtāǧuhā li-ṣundūqi l-ᵓamānāt?	ما هي العملات المعدنية التي أحتاجها لصندوق الأمانات؟
Ich möchte ... ausleihen.	ᵓurīdu istiᶜārata …	أريدُ استعارةَ …
Ich möchte ... kaufen.	ᵓurīdu širāᵓa …	أريدُ شراءَ …
– eine Badekappe	– ṭāqīyata ḥammām.	– طاقية حمَّام.
– eine Schwimmbrille	– naẓẓārata sibāḥa.	– نظارة سباحة.
– ein Handtuch	– fūṭa.	– فوطة.
Wo ist der Bademeister?	ᵓayna yūǧadu murāqibu l-ḥammām?	أين يوجد مراقب الحمَّام؟
Wo ist die Erste-Hilfe-Station?	ᵓayna yūǧadu maḥaṭṭatu l-ᵓisᶜāfāti l-ᵓawwaliyya?	أين يوجد محطة الإسعافات الأولية؟

Weitere Wörter

baden	yastaḥimmu	يستحِم
Bootsverleih	taᵓǧīru l-qawārib	تأجير القوارب
Dusche	dušš	دُش
fischen	yaṣṭādu	يصطاد
Luftmatratze	martabatun hawāᵓiyya	مرتبة هوائية
Meer	baḥr	بحر
Motorboot	zawraqun bi-muḥarrik	زورق بمحرك
Muscheln	qawāqiᶜ	قواقع
Nichtschwimmer	lā yaᶜrifu s-sibāḥa	لا يعرف السباحة
Rettungsring	ṭawqu n-naǧāt	طوقُ النجاة
Ruderboot	qāribu taǧḏīf	قارب تجذيف
Sand	raml	رمل
Sandstrand	šāṭiᵓun ramlī	شاطئ رملي
Schatten	ẓill	ظِل
Schlauchboot	qāribun maṭṭāṭī	قاربٌ مطاطي
Schnorchel	ḫurṭūmu t-tanaffus	خرطوم التنفس
Schwimmbad	masbaḥ	مسبح
schwimmen	yasbaḥu	يسبح
Schwimmflossen	zaᶜānifu s-sibāḥa	زعانف السباحة
Schwimmflügel	ᵓaǧniḥatu l-ᶜawm	أجنحة العوم
See	buḥayra	بحيرة
Seeigel	qunfuḏi l-baḥr	قنفذ البحر

Segelboot	qāribun širāᶜī	قارب شراعي
segeln	yabḥiru bi-qāribin širāᶜī	يبحر بقارب شراعي
Sonne	šams	شمس
Sonnenbrille	naẓẓāratu šams	نظارة شمس
Sonnencreme	krīmun li-l-wiqāyati min ᵓašiᶜᶜati š-šams	كريم للوقاية من أشعة الشمس
Spielwiese	marǧu l-laᶜib	مرج اللعب
Sprungbrett	lawḥatu l-qafz	لوحة القفز
Sturmwarnung	al-ᵓinḏāru bi-ᵓiᶜṣār	الإنذار بإعصار
Surfbrett	lawḥu t-tazalluǧi ᶜalā l-māᵓ	لوح التزلج على الماء
tauchen	yaġūṣu	يغوصُ
Taucheranzug	badlatu l-ġawṣ	بذلة الغوص
Taucherausrüstung	ᶜuddatu l-ġawṣ	عدة الغوصِ
Taucherbrille	naẓẓāratu l-ġawṣ	نظارةُ الغوص
Tretboot	qāribun bi-baddāl	قارب ببدال
Umkleidekabine	maqṣūratu taġyīri l-malābis	مقصورة تغيير الملابس
Wasser	māᵓ	ماء
Wasserball	kuratu l-māᵓ	كرة الماء
Wasserski	at-tazalluǧu ᶜalā l-māᵓ	التزلج على الماء
Welle	mawǧa	مَوجة
Wellenbad	ḥammāmu l-ᵓamwāǧi ṣ-ṣināᶜiyya	حمَّام الأمواج الصناعية

Ballspiele und weitere Spiele

Darf ich mitspielen?	hal yusmaḥu lī bi-l-mušārakati fī l-laᶜib?	هل يُسمح لي بالمشاركة في اللعب؟
Wir hätten gern einen Squashcourt für eine (halbe) Stunde.	kunnā nawaddu ᵓan nalᶜaba mubārāta ᵓiskwāšin li-muddati (niṣfi) sāᶜa.	كنا نود أن نلعب مباراة إسكواش لمدة (نصف) ساعة.
Wir hätten gern einen Tennisplatz für eine Stunde.	kunnā nawaddu ᵓan yakūna ladaynā malᶜabu tinnis li-muddati sāᶜa.	كنا نود أن يكون لدينا ملعب تنس لمدة ساعة.
Wir hätten gern einen Badminton-platz für eine Stunde.	kunnā nawaddu ᵓan yakūna ladaynā malᶜabu kurati r-rīša li-muddati sāᶜa.	كنا نود أن يكون لدينا ملعب كرة الريشة لمدة ساعة.
Wo kann man hier Bowling spielen?	ᵓayna yumkinu li-l-marᵓi ᵓan yalᶜaba hunā būling?	أين يمكن للمرء أن يلعب هنا بولينج؟
Wo kann man hier Billard spielen?	ᵓayna yumkinu li-l-marᵓi ᵓan yalᶜaba hunā bilyārdū?	أين يمكن للمرء أن يلعب هنا بلياردو؟
Ich möchte ... ausleihen.	ᵓurīdu istiᶜārata …	أريدُ استعارةَ …

Weitere Wörter

Badminton	kuratu r-rīša	كرة الريشة
Ball	kura	كُرة
Basketball	kuratu salla	كرةُ سلّة
Beach-Volleyball	kuratu š-šāṭi^{ɔ}i ṭ-ṭā^{ɔ}ira	كرة الشاطئ الطائرة
Boule-Kugel	kuratu l-būlī	كرة البولي
Federball (Spiel)	lu^{c}batu kurati r-rīša	لعبة كرة الريشة
Fußball (Ball)	kuratu qadam	كرة قدم
Fußballspiel	lu^{c}batu kurati l-qadam	لعبة كرة القدم
gewinnen	yafūzu	يفوزُ
Golf	al-gulf	الجولف
Golfplatz	mal^{c}abu l-gulf	ملعب الجولف
Golfschläger	miḍrabu l-gulf	مضرب الجولف
Handball	kuratu l-yadd	كرةُ اليد
Kegelbahn	maǧāzu lu^{c}bati l-^{ɔ}awtādi	مجاز لُعبة الأوتاد
kegeln	yal^{c}abu lu^{c}bata l-^{ɔ}awtād	يلعب لعبة الأوتاد
Mannschaft	farīq	فريق
Minigolfplatz	mal^{c}abu l-gulfi ṣ-ṣaġīr	ملعب الجولف الصغير
Schiedsrichter	ḥakam	حكمٌ
Sieg	fawz	فوز
Spiel	lu^{c}ba	لعبة

spielen	yalᶜabu	يلعب
Spielzeug	luᶜba	لعبة
Squash	ᵓiskwāš	إسكواش
Squashball	kuratu l-ᵓiskwāš	كرة الإسكواش
Squashschläger	miḍrabu l-ᵓiskwāš	مضرب الإسكواش
Tennis	tinis	تنس
Tennisball	kuratu t-tinis	كرة التنس
Tennisschläger	miḍrabu t-tinis	مضرب التنس
Tischtennis	tinis ṭāwila	تنس طاولة
Tor	gūl	جول
Tor (Treffer)	hadaf	هدف
Torwart	ḥārisu l-marmā	حارس المرمى
unentschieden	mutaᶜādil	متعادل
verlieren	yaḫsaru	يخسرُ
Volleyball	al-kuratu ṭ-ṭāᵓira	الكرة الطائرة

Schlechtwetteraktivitäten

Haben Sie Spielkarten? — hal ladayka ᵓawrāqu laᶜib?
هل لديك أوراق لعب؟

Haben Sie Gesellschaftsspiele? — hal ladayka ᵓalᶜābun ǧamāᶜiyya?
هل لديك ألعاب جماعية؟

Spielen Sie Schach? — ᵓa-talᶜabu š-šaṭranǧ?
أتلعبُ الشطرنج؟

Können wir ein Schachspiel ausleihen?	hal yumkinunā isti^cāratu šaṭranǧ? هل يمكننا استعارة شطرنج؟
Können wir ein Backgammonspiel ausleihen?	hal yumkinunā isti^cāratu lu^cbata ṭāwila? هل يمكننا استعارة لعبة طاولة؟
Gibt es hier eine Sauna?	hal yūǧadu hunā ḥammāmun bi-l-buḫār? هل يوجد هنا حمَّام بلبخار؟
Gibt es hier ein Fitnessstudio?	hal yūǧadu hunā markazu liyāqa? هل يوجد هنا مركز لياقة؟
Bieten Sie auch Aerobicstunden an?	hal tuqaddimūna ᵓayḍan durūsa l-ᵓīrūbīk? هل تقدمون أيضاً دروس الإيروبيك؟
Bieten Sie auch Gymnastikstunden an?	hal tuqaddimūna ᵓayḍan durūsan fī r-riyāḍati l-badaniyya? هل تقدمون أيضاً دروساً في الرياضة البدنية؟

Aktivurlaub

Wandern und Trekking

Ich möchte nach ... wandern.	ᵓurīdu ḏ-ḏihāba ᵓilā … أريدُ الذهاب إلى …
Ich möchte auf den ... steigen.	ᵓurīdu ṣ-ṣu^cūda ^calā … أريدُ الصعود على …

Können Sie mir eine leichte Tour empfehlen?	hal yumkinuka ᵓan tanṣaḥanī bi-ǧawlatin sahla?	هل يمكنك أن تنصحني بجولة سهلة؟
Können Sie mir eine mittelschwere Tour empfehlen?	hal yumkinuka ᵓan tanṣaḥanī bi-ǧawlatin mutawassiṭati ṣ-ṣuᶜūba?	هل يمكنك أن تنصحني بجولة متوسطة الصعوبة؟
Wie lange dauert sie ungefähr?	kam tastaġriqu taqrīban?	كم تستغرق تقريباً؟
Ist der Weg gut markiert?	hali ṭ-ṭarīqu muḥaddadun bi-šaklin ǧayyid?	هل الطريق مُحددٌ بشكلٍ جيد؟
Ist der Weg gut gesichert?	hali ṭ-ṭarīqu muᵓammanun bi-šaklin ǧayyid?	هل الطريق مؤمَّنٌ بشكلٍ جيد؟
Kann man unterwegs einkehren?	hal yumkinu li-l-marᵓi ᵓan yadḫula ᵓaḥada l-maṭāᶜimi ᵓaṯnāᵓa s-sayr?	هل يمكن للمرء أن يدخل أحد المطاعم أثناء السير؟
Kann ich in diesen Schuhen gehen?	hal yumkinu ᵓan ᵓaḏhaba bi-hāḏā l-ḥiḏāᵓ?	هل يمكن أن أذهب بهذا الحذاء؟
Gibt es geführte Touren?	hal tūǧadu raḥalātun bi-muršid?	هل توجد رحلاتٌ بمرشد؟

Um wie viel Uhr fährt die letzte Bahn hinunter?	fī ᵓayyi waqtin yanzilu ᵓāḫiru ᶜarabati s-sikkati l-kablīya?	في أي وقت ينزل آخر عربة السكة الكبلية؟
Sind wir hier auf dem richtigen Weg nach ...?	hal naḥnu hunā ᶜalā ṭ-ṭarīqi ṣ-ṣaḥīḥi ᵓilā …?	هل نحن هنا على الطريق الصحيح إلى ... ؟
Wie weit ist es noch bis ...?	kami l-masāfatu l-mutabaqqiyatu ḥattā …?	كم المسافة المتبقية حتى ... ؟

Weitere Wörter

Berg	ǧabal	جبل
Bergführer	muršidun fī l-ǧibāl	مرشد في الجبال
Bergschuhe	ᵓaḥḏiyatu tasalluqi l-ǧibāl	أحذية تسلق الجبال
Bergsteigen	tasalluqu l-ǧibāl	تسلق الجبال
Gipfel	qimma	قمة
Hütte	kūḫ	كوخ
joggen	yuharwilu	يهرول
Jogging	riyāḍatu l-ᶜadwi	رياضة العدو
klettern	yatasallaqu	يتسلق
Proviant	zād	زاد
Schlucht	šiᶜbu l-ǧabal	شعب الجبل

Schutzhütte	kūḫun ǧabalī	كوخ جبلي
schwindelfrei sein	la yuṣābu bi-d-duwār	لا يصاب بالدوار
Seil	ḥabl	حبل
Seilbahn	sikkatun kablīya	سكة كبلية
Sessellift	miṣᶜadun maqᶜadī	مصعد مقعدي
Teleskopstöcke	qawāᵓimu t-tiliskūb	قوائم التلسكوب
Wanderkarte	ḫarīṭatu t-taǧwāl	خريطة التجوال
wandern	yataǧawwalu	يتجول
Wanderschuhe	ḥiḏāᵓu t-taǧawwul	حذاء التجول
Wanderweg	ṭarīqu t-taǧwāl	طريق التجوال

Rad fahren

Ich möchte ein Fahrrad mieten.
ᵓurīdu istiᵓǧāra darrāǧa.
أريد استئجار درّاجة.

Ich möchte ein Mountainbike mieten.
ᵓurīdu istiᵓǧāra darrāǧatin ǧabaliyya.
أريد استئجار درّاجةٍ جبلية.

Ich hätte gern ein Fahrrad mit ... Gängen.
ᵓuḥibbu ᵓan ᵓāḫuḏa darrāǧatan bi- … surᶜāt.
أحب أن آخذ درّاجة بـ ... سرعات.

Haben Sie auch ein Fahrrad mit Rücktritt?
hal ladayka ᵓayḍan darrāǧatan bi-farmalati bi-wāsiṭati d-dawwāsa?
هل لديك أيضا درّاجة بفرملة بواسطة الدواسة؟

Können Sie mir die Sattelhöhe einstellen?	hal yumkinuka ᵓan taḍbiṭa lī irtifāᶜa l-kursī?	هل يمكنك أن تضبط لي ارتفاع الكرسي؟
Ich möchte es für ... mieten.	ᵓuridu istiᵓǧāraha li-muddati ...	أريد استئجارها لمدة ...
– einen Tag	– yawm.	– يومٍ.
– zwei Tage	– yawmayn.	– يومين.
– eine Woche	– ᵓusbūᶜ.	– أسبوع.
Kann ich einen Kinderfahrradsitz ausleihen?	hal yumkinunī ᵓan ᵓastaᶜīra maqᶜada darrāǧatin muḫaṣṣaṣa li-l-ᵓaṯfāl?	هل يمكنني أن أستعير مقعد دراجة مخصص للأطفال؟
Bitte geben Sie mir auch einen Fahrrad-helm.	ᵓaᶜṭinī ᵓayḍan ḫūḏata darrāǧatin min faḍlik.	أعطني أيضا خوذةَ درَّاجةٍ من فضلك.

Weitere Wörter

Fahrradflickzeug	ᶜiddatu tarqīᶜi d-darrāǧa	عِدة ترقيع الدرَّاجة
Fahrradkorb	sallatu d-darrāǧa	سلة الدرَّاجة
Handbremse	farmalatu l-yadd	فرملة اليد
Kinderfahrrad	darrāǧatu ᵓaṭfāl	درَّاجة أطفال
Kindersitz	maqᶜadu ᵓaṭfāl	مقعد أطفال
Lampe	miṣbāḥ	مصباح

Licht	ḍawᵓ	ضَوء
Luftpumpe	minfāḫu hawāᵓ	منفاخ هواء
Radweg	ṭarīqu d-darrāǧāt	طريق الدرّاجات
Reifen	ᵓiṭār	إطار
Reifendruck	ḍaġṭu l-ᵓiṭārāt	ضغط الإطارات
Reifenpanne	ᶜaṭabu l-ᵓiṭār	عطب الإطار
Sattel	maqᶜad	مقعد
Satteltaschen	ḥaqāᵓibu ᶜiddati d-darrāǧa	حقائب عدة الدَّراجة
Schlauch	ᵓiṭārun dāḫilī	إطارٌ داخلي
Ventil	ṣimām	صمام
Vorderlicht	ḍawᵓun ᵓamāmī	ضوء أمامي

Adventure-Sports

Ballonfahren	aṭ-ṭayarānu bi-l-munṭād	الطيران بالمنطاد
Bungee-Springen	qafzu l-būnǧī	قفز البونجي
Drachenfliegen	ṭayarānu širāᶜi muᶜallaq	طيران شراع معلق
Fallschirmspringen	qafzun bi-miẓallāti l-hubūṭ	قفز بمظلات الهبوط
Freeclimbing	tasalluqun ḥurr	تسلقٌ حُر
Geländewagen	sayyāratu d-dafᶜi r-rubāᶜī	سيارة الدفع الرباعي

Geländewagentour	ǧawlatun bi-sayyārati d-dafᶜi r-rubāᶜī	جولةٌ بسيارة الدفع الرباعي
Gleitschirmfliegen	ṭayarānun miẓallī	طيران مظلي
Kajak	qāribun bi-baddāl	قاربٌ ببدال
Kanu	zawraqu l-hunūdi l-ḥumr	زورق الهنود الحمر
Kamelreiten	rukūbu l-ǧimāl	ركوب الجمال
Rafting	al-taǧḏīfu ḍidda tayyārin šadīd	التجذيف ضد تيار شديد
Regatta	sibāqu l-qawārib	سباق القوارب
reiten	yarkabu	يركبُ
Ruderboot	qāribu taǧḏīf	قارب تجذيف
Sanddüne	kaṯībun ramlī	كثيبٌ رملي
Sandskifahren	at-tazalluǧu ᶜalā r-rimāl	التزلج على الرمال
Segelfliegen	ṭayarānun širāᶜī	طيران شراعي
Segelflugzeug	ṭāᵓiratun širāᶜiyya	طائرة شراعية
segeln	yubḥiru bi-qāribin širāᶜī	يبحر بقارب شراعي
Thermik	tayyāru hawāᵓin mutaṣāᶜid	تيار هواء متصاعد
Wüstensafari	safarun fī ṣ-ṣaḥarāᵓ	سفر في الصحراء

Beauty und Wellness

Ich hätte gerne eine Gesichtsbehandlung.	ᵓawaddu ᵓan ᵓaᶜmila muᶜālağatan li-l-wağh.	أود أن أعمل معالجة للوجه.
Ich habe ...	ᶜindī ...	عندي ...
– normale Haut.	– bašratun ᶜādiyya.	– بشرة عادية.
– fettige Haut.	– bašratun duhniyya.	– بشرة دهنية.
– trockene Haut.	– bašratun ğāffa.	– بشرة جافة.
– Mischhaut.	– bašratun muḫtalaṭa.	– بشرة مختلطة.
– empfindliche Haut.	– bašratun ḥassāsa.	– بشرة حساسة.
Bitte verwenden Sie nur parfümfreie Produkte.	istaḫdim faqaṭ muntağātin ḫāliyyatan min al-ᶜuṭūr min faḍlik.	استخدم فقط منتجاتٍ خالية من العطور من فضلك.
Bitte verwenden Sie nur allergiegetestete Produkte.	istaḫdim faqaṭ muntağātin muḫtabaratan ḍidda l-ḥasāsīya min faḍlik.	استخدم فقط منتجاتٍ مختبرة ضد الحساسية من فضلك.

Info

Überall in der arabischen Welt gibt es öffentliche Badehäuser. Männer und Frauen baden hier getrennt. Lassen Sie sich unbedingt einmal mit einer traditionellen Massage verwöhnen.

Machen Sie auch Gesichtsmassagen?	hal taqūmūna ᵓayḍan bi-ᶜamali tadlīkātin li-l-waǧh? هل تقومون أيضاً بعمل تدليكات للوجه؟
Machen Sie auch Lymphdrainagen?	hal taqūmūna ᵓayḍan bi-ᶜamali tadlīkātin li-l-ᵓawᶜiyati l-limfāwiyya? هل تقومون أيضاً بعمل تدليكات للأوعية اللمفاوية؟
Könnten Sie mir die Augenbrauen zupfen?	hal yumkinuki ᵓan turaqqiqī lī al-ḥawāǧib? هل يمكنك أن ترققي لي الحواجب؟
Ich möchte mir die Wimpern färben lassen.	ᵓuridu ṣabġa r-rumūš. أريد صبغ الرموش.
Ich möchte mir die Augenbrauen färben lassen.	ᵓuridu ṣabġa l-ḥawāǧib. أريد صبغ الحواجب.
Bitte epilieren Sie mir die Unterschenkel.	ᵓazil lī šaᶜra ᵓasfali l-faḫḏi min faḍlik. أزل لي شعر أسفل الفخذ من فضلك.
Bitte epilieren Sie mir die Beine.	ᵓazil lī šaᶜra s-sāqayni min faḍlik. أزل لي شعر الساقين من فضلك.
Bitte eine Maniküre.	manikīr min faḍlik. مانيكير من فضلك.
Bitte eine Pediküre.	badikīr min faḍlik. باديكير من فضلك.

Weitere Wörter

Algenbad	ḥammāmu ṭaḥālib	حمام طحالب
Aromaöl	zaytu t-tadlīk	زيت التدليك
Badeschwamm	līfatu l-istiḥmām	ليفة الاستحمام
Badetuch	minšafa	مِنشفة
Dampfbad	ḥammāmu bi-l-buḫār	حمَّام بالبخار
Dekolletee	dīkūlteh	ديكولتيه
Fango	ḥammāmu ṭīn	حمَّام طين
Feuchtigkeitsmaske	qināᶜun li-r-ruṭūba	قناعٌ للرطوبة
Fußreflexzonen-massage	tadlīku l-qadamayn	تدليك القدمين
Gesicht	waǧh	وجه
Hals	raqaba	رقبة
Hautdiagnose	taḥdīdu nawᶜi l-bašra	تحديد نوع البشرة
Kaltwasser-anwendungen	ᶜilāǧātun bi-l-māᵓi l-bārid	علاجات بالماء البارد
Körperpeeling	tanẓīfu l-ǧasad	تنظيف الجسد
Lymphdrainage	tadlīku l-ᵓawᶜiyati l-limfāwiyya	تدليك الأوعية اللمفاوية
Maske	māsk	ماسك
Massage	tadlīk	تدليك
Meditation	taᵓammul	تأمل
Packung	qināᶜ	قناع
Peeling	tanẓīfu l-bašra	تنظيف البشرة

Reinigung	tanẓīf	تنظيف
Ruheraum	makānu istirāḥa	مكان استراحة
Sauna	ḥammāmu sawnā	حمّام ساونا
Schlammbad	ḥammāmu ṭīn	حمّام طين
Seife	ṣābūn	صابون
Solarium	ǧihāzu l-ʾašiʿʿati l-qaṣīra	جهاز الأشعة القصيرة
Thermalbad	ḥammāmun ḥārr	حمّامٌ حار
Wechselbäder	ḥammāmātun mutanāwaba	حمّامات متناوبة
Whirlpool	dawwāma	دوّامة
Yoga	yuǧā	يوجا

Kultur und Nachtleben

Touristeninformation

Wo ist die Touristeninformation?	ᵓayna maktabu istiᶜlāmāti s-suyyāḥ?	أين مكتب استعلامات السياح؟
Ich möchte ...	ᵓurīdu ...	أريد ...
– einen Plan von der Umgebung.	– ḫarīṭata l-manṭiqa.	– خريطة المنطقة.
– einen Stadtplan.	– ḫarīṭata l-madīna.	– خريطة المدينة.
– einen U-Bahn-Plan.	– ğadwala mawāᶜidi l-mitrū.	– جدول مواعد المترو.
– einen Veranstaltungskalender.	– mawāᶜida l-ḥafalāt.	– مواعد الحفلات.
Gibt es Stadtrundfahrten?	hal tūğadu raḥalātun ḥawla l-madīna?	هل توجد رحلات حول المدينة؟
Gibt es Stadtführungen?	hal tūğadu ğawlātun ᵓiršādiyyatun fī l-madīna?	هل توجد جولات إرشادية في المدينة؟
Haben Sie auch Prospekte auf Deutsch?	hal ladaykum našarātun bi-l-ᵓalmāniyyati ᵓayḍan?	هل لديكم نشرات بالألمانية أيضاً؟
Was kostet die Rundfahrt?	kam tatakallafu r-riḥla?	كم تتكلف الرحلة؟
Was kostet die Führung?	kam tatakallafu l-ğawlatu l-ᵓiršādiyya?	كم تتكلف الجولة الإرشادية؟

Wie lange dauert die Rundfahrt?	kam tastaġriqu r-riḥla?	كم تستغرق الرحلة؟
Wie lange dauert die Führung?	kam tastaġriqu l-ǧawlatu l-ᵓiršādiyya?	كم تستغرق الجولة الإرشادية؟
Bitte eine Karte für die Stadtrundfahrt.	taḏkaratun li-riḥlatin ḥawla l-madīnati min faḍlik.	تذكرة لرحلة حول المدينة من فضلك.
Bitte zwei Karten für die Stadtrundfahrt.	taḏkaratayni li-riḥlatin ḥawla l-madīnati min faḍlik.	تذكرتين لرحلة حول المدينة من فضلك.
Welche Sehenswürdigkeiten gibt es hier?	mā hiya l-maᶜālimu l-mawǧūdatu hunā?	ما هي المعالم الموجودة هنا؟
Wann ist ... geöffnet?	matā yakūnu … maftūḥan?	متى يكون ... مفتوحاً؟
Bitte für den Ausflug morgen nach ... zwei Plätze.	ᵓurīdu min faḍlika makānayni li-nuzhati l-ġadi ᵓilā …	أريد من فضلك مكانين لنزهة الغد إلى ...
Wann treffen wir uns?	matā naltaqī?	متى نلتقي؟
Wo treffen wir uns?	ᵓayna naltaqī?	أين نلتقي؟
Besichtigen wir auch ...?	hal sa-narā ᵓayḍan …?	هل سنرى أيضاً ... ؟

Besichtigungen, Ausflüge

Wann ist ... geöffnet?	matā yakūnu … maftūḥan?	متى يكون ... مفتوحاً؟
Wie viel kostet der Eintritt?	kam tatakallafu taḏkaratu d-duḫūl?	كم تتكلف تذكرة الدخول؟
Wie viel kostet die Führung?	kam tatakallafu l-ǧawlatu l-ᵓiršādiyya?	كم تتكلف الجولة الإرشادية؟
Gibt es auch Führungen auf Deutsch?	hal tūǧadu ǧawlātun ᵓiršādiyyatun bi-l-ᵓalmāniyyati ᵓayḍan?	هل توجد جولات إرشادية بالألمانية أيضاً؟
Gibt es eine Ermäßigung für ...	hal yūǧadu taḫfīḍun li- …	هل يوجد تخفيض لـ ...
– Familien?	– l-ᶜāᵓilāt?	– العائلات؟
– Kinder?	– l-ᵓaṭfāl?	– الأطفال؟
– Senioren?	– kibāri s-sin?	– كبار السن؟
– Studenten?	– ṭ-ṭullāb?	– الطلاب؟
Wann beginnt die Führung?	matā tabdaᵓu l-ǧawlatu l-ᵓiršādiyya?	متى تبدأ الجولة الإرشادية؟
Eine Karte bitte.	taḏkara min faḍlik.	تذكرة من فضلك.
Zwei Karten bitte.	taḏkaratayni min faḍlik.	تذكرتين من فضلك.
Zwei Erwachsene, zwei Kinder, bitte.	ᵓiṯnāni bāliġāni, ṭiflāni, min faḍlik.	اثنان بالغان، طفلان، من فضلك.

Darf man fotografieren?	hal yusmaḥu bi-t-taṣwīr?	هل يُسمح بالتصوير ؟
Haben Sie einen Katalog?	hal ladaykum dalīlun?	هل لديكم دليل؟
Haben Sie einen Führer?	hal ladaykum muršidun siyāḥī?	هل لديكم مرشد سياحي؟
Was für ein Gebäude ist das?	mā hāḏā l-mabnā?	ما هذا المبنى؟
Was für ein Denkmal ist das?	mā hāḏā l-ᵓaṯar?	ما هذا الأثر ؟

Weitere Wörter

Abbasiden	al-ᶜabbāsiyyūn	العباسيون
Altar (Opferaltar)	maᶜbad	معبد
Altertum	al-ᶜuṣūru l-qadīma	العصور القديمة
Amphitheater	masraḥun maftūḥ	مسرح مفتوح
antik	qadīm	قديم
Antike	ᵓal-ᶜuṣūru l-qadīma	العصور القديمة
Aquädukt	maǧrā māᵓin fawqa qanāṭir	مجرى ماء فوق قناطر
Aquarell	ṣūratun bi-ᵓalwānin māᵓiyya	صورة بألوان مائية
Aramäer	al-ᵓārāmiyyūn	الآراميون
Archäologie	ᶜilmu l-ᵓāṯār	علم الآثار
Architekt	muhandisun miᶜmārī	مهندس معماري

Architektur	fannu l-^{c}imāra	فن العمارة
Arena	ḥalba	حَلبة
Ausflug	nuzha	نزهة
Ausgrabungen	ḥafrīyāt	حفريات
Aussicht	manẓar	منظر
Ausstellung	ma^{c}riḍ	معرض
babylonisch	bābilī	بابلي
Basar	bāzār	بازار
Basilika	bāzīlīkā	بازيليكا
Bauwerk	mabnā	مبنى
Beduinen	badw	بدو
Bibliothek	maktaba	مكتبة
Bild	ṣūra	صورة
Bildhauer	naḥḥāt	نحّات
Blütezeit	^{c}aṣru l-izdihār	عصر الازدهار
Bogen	qaws	قوس
Bronze	brūnz	برونز
Brücke	ǧisr	جسر
Brunnen (Trink-)	biʾr	بئر
Burg	qal^{c}a	قلعة
byzantinisch	bīzanṭī	بيزنطي
christlich	masīḥī	مسيحي
Dach	saqf	سقف
Decke (Zimmer-)	saqf	سقف
Derwisch	darwīš	درويش

Derwischkloster	dayru d-darāwīš	دير الدراويش
Design	taṣmīm	تصميم
Dynastie	ᵓusratun ḥākima	أسرة حاكمة
Einfluss	taᵓṯīr	تأثير
Empfangsräume	ḥuǧarātu l-istiqbāl	حجرات الاستقبال
Epoche	ḥiqba	حِقبة
Eroberer	ġāzin	غازٍ
Familienräume	ḥuǧarātu l-ᵓusra	حجرات الأسرة
Fassade	wāǧiha	واجهة
Fayence	qīšānī	قيشاني
Fenster	nāfiḏa	نافذة
Festung	ḥiṣn	حِصن
Fluss	nahr	نهر
Fotografie	taṣwīr	تصوير
Fremdenführer	muršidun siyāḥī	مرشد سياحي
Fresko	friskū	فريسكو
Friedhof	maqbara	مقبرة
Funde	iktišāfāt	اكتشافات
Galerie	maᶜriḍ	معرض
Garten	ḥadīqa	حديقة
Gebäude	mabnā	مبنى
Gedenkstätte	nuṣbun tiḏkārī	نصب تذكاري
Gefäß	wiᶜāᵓ	وعاء
Gegend	nāḥiya	ناحية
Gemälde	lawḥa	لوحة

Gemäldesammlung	maǧmūᶜatu lawḥāt	مجموعة لوحات
geöffnet	maftūḥ	مفتوح
geschlossen	muġlaq	مغلق
Glas	kaᵓs	كأس
Glocke	ǧaras	جرس
Gobelin	taṭrīz	تطريز
Grab	qabr	قبر
Grabmal	ḍarīḥ	ضريح
Griechen	al-yūnāniyūn	اليونانيون
Handschrift	maḫṭuṭa	مخطوطة
Hafen	mīnāᵓ	ميناء
Haus	bayt	بيت
Hof	fināᵓ	فناء
Höhle	kahf	كهف
Holzschnitt	naqšun ḫašabī	نقش خشبي
Innenstadt	wasaṭu l-madīna	وسط المدينة
Inschrift	naqš	نقش
Intarsien	taṭᶜīm	تطعيم
Islam	ᵓislām	إسلام
islamisch	ᵓislāmī	إسلامي
Jahrhundert	qarn	قرن
Kaiser	ᵓimbrāṭūr	إمبراطور
Kaiserin	ᵓimbrāṭūra	إمبراطورة
Kalif	ḫalīfa	خليفة
Kalligraph	ḫaṭṭāṭ	خطاط

Kalligraphie	fannu l-ḫaṭṭ	فن الخط
Kapitell	raᵓsu l-ᶜamūd	رأس العمود
Karawanserei	mustarāḥu l-qawāfil	مستراح القوافل
Katakomben	qubūrun taḥta l-ᵓarḍ	قبورٌ تحت الأرض
Katalog	dalīl	دليل
Keramik	faḫḫār	فُخَّار
Kirche	kanīsa	كنيسة
Klassizismus	al-klāsīkiyya	الكلاسيكية
Kloster	dayr	دَير
Konfession	maḏhab	مذهب
König	malik	ملك
Königin	malika	ملكة
Kopie	nusḫa	نسخة
koptisch	qibṭī	قبطي
Koran	al-qurᵓān	القرآن
Kreuzritter	fārisun ṣalībī	فارس صليبي
Kunst	fann	فن
Künstler	fannān	فنان
Kuppel	qubba	قُبَّة
Kuppelbau	bināᵓu qubba	بناء قُبَّة
Landschaft	manẓarun ṭabīᶜī	منظر طبيعي
Maler	rassām	رسَّام
Malerei	fannu r-rasm	فن الرسم
Mamelucken	al-mamālīk	المماليك
Markthalle	sūqun masqūfa	سوق مسقوفة

Marmor	marmar	مرمر
Mauer	ṣūr	صور
maurisch	maġribī	مغربي
Mausoleum	ḍarīḥ	ضريح
mesopotamisch	min bilādi mā bayna n-nahrayn	من بلاد ما بين النهرين
Minarett	manāra	منارة
Mittelalter	al-qurūn al-wuṣṭā	القرون الوسطى
modern	muᶜāṣir	معاصر
Mosaik	fusayfisāᵓ	فُسيفساء
Moslem	muslim	مسلم
Moschee	masǧid	مسجد
Muezzin	muᵓaḏḏin	مؤذن
Museum	matḥaf	متحف
Nabatäer	nabātī	نباتي
Nationalpark	ḥadīqatun qawmiyya	حديقة قومية
Naturschutzgebiet	maḥmiyyatun ṭabīᶜiyya	محمية طبيعية
Oase	wāḥa	واحة
Obelisk	misalla	مسلّة
Öffnungszeiten	ᵓawqātu l-ᶜamal	أوقات العمل
Ölmalerei	ar-rasmu z-zaytī	الرسم الزيتي
Omajjaden	al-ᵓumawiyyūn	الأمويون
Orden (Derwisch-)	ṭarīqa	طريقة
Ornament	zaḫrafa	زخرفة
orthodox	ᵓurṯuduksī	أرثودكسي

Osmanen	al-ᶜuṯmāniyyūn	العثمانيون
Palast	qaṣr	قصر
Park	ḥadīqa	حديقة
Pharaonen	al-farāᶜina	الفراعنة
Plakat	ᵓiᶜlān	إعلان
Plastik	fannu n-naḥt	فن النحت
Platz	makān	مكان
Portal	bawwāba	بوابة
Porträt	ṣūratu šaḫṣ	صورة شخص
Postkarte	biṭāqatu barīd	بطاقة بريد
Prospekt	manšūr	منشور
Pyramiden	al-ᵓahrāmāt	الأهرامات
Quelle	maṣdar	مصدر
Rabbiner	ḥabr	حَبر
Rasthaus (historisch)	ḫān	خان
Rekonstruktion	ᵓiᶜādatu taškīl	إعادة تشكيل
Relief	naqšun bāriz	نقش بارز
Religion	dīn	دِين
Renaissance	an-nahḍa	النهضة
restaurieren	yurammimu	يرمم
Restaurierung	tarmīm	ترميم
Römer	ar-rūmān	الرومان
römisch	rūmānī	روماني
Rosette	warda	وردة
Ruine	ᵓanqāḍ	أنقاض

Rundfahrt	ğawla	جولة
Saal	bahw	بهو
Sandstein	ḥağarun ramlī	حجر رملي
Sarkophag	tābūt	تابوت
Säule	ᶜamūd	عمود
Schatzkammer	ḫizāna	خزانة
schiitisch	šīᶜī	شيعي
Schloss	qaṣr	قصر
Schlucht	šiᶜbu l-ğabal	شعب الجبل
Schnitzerei	naḥt	نحت
See	buḥayra	بحيرة
Sehenswürdigkeiten	maᶜālimu ᵓaṯariyya	معالم أثرية
Skulptur	timṯāl	تمثال
Sommervilla	muntağaᶜu ṣ-ṣayf	منتجع الصيف
Sphinx	ᵓabu l-hawl	أبو الهول
Stadion	ᵓistād	إستاد
Stadt	madīna	مدينة
Stadtmauer	sūru l-madīna	سور المدينة
Stadtplan	ḫarīṭatu l-madīna	خريطة المدينة
Stadtteil	ḥayy	حي
Stadttor	bawwābatu l-madīna	بوابة المدينة
Stadtzentrum	wasaṭu l-madīna	وسط المدينة
Statue	timṯāl	تمثال
Staudamm	sadd	سدٌّ
Stausee	buḥayratu s-sadd	بحيرة السد
Sternwarte	marṣadun falakī	مرصد فلكي

Stil	ṭirāz	طراز
Synagoge	maᶜbadun yahūdī	معبد يهودي
Sultan	sulṭān	سلطان
sunnitisch	sunnī	سُني
Tal	wādī	وادي
Tempel	maᶜbad	معبد
Töpferei	ṣināᶜatu l-ḫazaf	صناعة الخزف
Tor	bawwāba	بوابة
Turm	burğ	برج
Überreste	baqāyā	بقايا
Umgebung	nāḥiya	ناحية
Universität	ğāmiᶜa	جامعة
Vase	zahrīya	زهرية
Volkskundemuseum	matḥafu l-fanni š-šaᶜbī	متحف الفن الشعبي
Vulkan	burkān	بركان
Wald	ġāba	غابة
Wadi	wādī	وادي
Wandmalerei	naqšun ᶜalā l-ḥāᵓiṭ	نقش على الحائط
Wappen	ramzu l-ᵓusra	رمز الأسرة
Werk	ᶜamal	عمل
Wüste	ṣaḥarāᵓ	صحراء
Zeichnung	taṣwīr	تصوير
Zisterne	mawḍiᶜu taḫzīni miyāhi l-ᵓamṭār	موضع تخزين مياه الأمطار
Zitadelle	qalᶜa	قلعة

Kulturveranstaltungen

Welche Veranstaltungen finden diese Woche statt?	mā hiya n-nadawātu l-mawǧūdatu hāḏā l-ᵓusbūᶜ? ما هي الندوات الموجودة هذا الأسبوع؟
Welche Veranstaltungen finden nächste Woche statt?	mā hiya n-nadawātu l-mawǧūdatu l-ᵓusbūᶜa l-qādim? ما هي الندوات الموجودة الأسبوع القادم؟
Haben Sie einen Veranstaltungskalender?	hal ladayka ǧadwalun li-n-nadawāt? هل لديك جدول للندوات؟
Was wird heute gespielt?	māḏā sawfa yuᶜraḍu l-yawm? ماذا سوف يعرض اليوم؟
Wo bekommt man Karten?	ᵓayna yumkinu l-ḥuṣūlu ᶜalā t-taḏākir? أين يمكن الحصول على التذاكر؟
Wann beginnt ...	matā yabdaᶜu/tabdaᶜu ... متى يبدأ/تبدأ ...
– die Vorstellung?	– al-ᶜarḍ? – العرض؟
– das Konzert?	– al-ḥaflatu l-mūsīqiyya? – الحفلة الموسيقية؟
– der Film?	– al-film? – الفيلم؟
Ab wann ist Einlass?	fī ᵓayyi waqtin yabdaᵓu d-duḫūl? في أي وقت يبدأ الدخول؟
Sind die Plätze nummeriert?	hal al-maqāᶜidu muraqqama? هل المقاعد مرقمة؟

Kann man Karten reservieren lassen?	hal min al-mumkini ḥağzu taḏākir?	هل من الممكن حجز تذاكر؟
Ich hatte Karten vorbestellt auf den Namen ...	ᵓanā ḥağaztu taḏākira muqaddaman bi-smi ...	أنا حجزت تذاكر مقدما باسم ...
Haben Sie noch Karten für heute?	hal māzālat ladayka taḏākiru li-l-yawm?	هل مازالت لديك تذاكر لليوم؟
Haben Sie noch Karten für morgen?	hal māzālat ladayka taḏākiru li-l-ġad?	هل مازالت لديك تذاكر للغد؟
Bitte eine Karte für ...	taḏkaratun min faḍlik li- ...	تذكرة من فضلك لـ ...
Bitte zwei Karten für ...	taḏkaratayni min faḍlik li- ...	تذكرتين من فضلك لـ ...
– heute.	– al-yawm.	– اليوم.
– heute Abend.	– masāᵓi l-yawm.	– مساء اليوم.
– morgen.	– al-ġad.	– الغد.
– den Film um ... Uhr.	– filmi s-sāᶜati ...	– فيلم الساعة ....
Wann ist die Vorstellung zu Ende?	matā yantahī l-ᶜarḍ?	متى ينتهي العرض؟
Wie viel kostet eine Karte?	kam siᶜru t-taḏkara?	كم سعر التذكرة؟

Gibt es eine Ermäßigung für …	hal yūǧadu taḫfīḍun li- …	هل يوجد تخفيض لـ …
– Kinder?	– l-ᵓaṭfāl?	– الأطفال؟
– Senioren?	– kibāri s-sinn?	– كبار السن؟
– Studenten?	– ṭ-ṭullāb?	– الطلاب؟

Weitere Wörter

Ballett	bāleh	باليه
Bauchtanz	raqṣun šarqī	رقص شرقي
Festspiele	mahraǧān	مهرجان
Folkloreabend	ᵓumsīyatun fulklūriyya	أمسية فلكلورية
Garderobe	ruknu l-malābis	ركن الملابس
Hauptrolle	buṭūla	بطولة
Kasse	ḫazīna	خزينة
Kino	sinimā	سينما
Komponist	mulaḥḥin	مُلَحِّن
Konzert	ḥaflun mūsīqī	حفل موسيقي
Liederabend	ᵓumsiyyatun ġināᵓiyya	أمسية غنائية
Musik	mūsīqā	موسيقى
Musikfestival	mahraǧānun mūsīqī	مهرجان موسيقي
Oper	ᵓūbirā	أوبرا
Operette	ᵓūberet	أوبريت
Orchester	ᵓūrkistrā	أوركسترا

Originalfassung	nusḫatun ᵓaṣliyya	نسخة أصلية
Pause	istirāḥa	استراحة
Platz	maqᶜad	مقعد
Popkonzert	ḥaflu mūsīqā l-bub	حفل موسيقى البوب
Premiere	ḥaflu l-iftitāḥ	حفل الافتتاح
Programmheft	daftaru l-barnāmiǧ	دفتر البرنامج
Regisseur	muḫriǧ	مُخرِج
Sänger	muġannī	مغني
Sängerin	muġanniyya	مغنية
Schauspieler	mumaṯṯil	ممثل
Schauspielerin	mumaṯṯila	ممثلة
Spielfilm	filmun riwāᵓī	فيلم روائي
synchronisiert	mudablaǧ	مدبلج
tanzende Derwische	darāwīšu ḏ-ḏikr	دراويش الذكر
Tänzer	rāqiṣ	راقص
Tänzerin	rāqiṣa	راقصة
Theater	masraḥ	مسرح
Theaterstück	masraḥiyya	مسرحية
Untertitel	tarǧamatun ᶜalā š-šāša	ترجمة على الشاشة
Zirkus	sirk	سيرك

Abends ausgehen

Was kann man hier abends unternehmen?
māḏā yumkinu li-l-marᵓi ᵓan yafᶜala hunā masāᵓan?
ماذا يمكن للمرء أن يفعل هنا مساءً؟

Gibt es hier eine nette Kneipe?
hal tūğadu hunā ḥānatun ğayyida?
هل توجد هنا حانة جيدة؟

Gibt es hier eine nette Disko?
hal tūğadu hunā ṣālatu diskū ğayyida?
هل توجد هنا صالة ديسكو جيدة؟

Wo kann man hier tanzen gehen?
ᵓayna yumkinu li-l-marᵓi ᵓan yaḏhaba li-r-raqṣi hunā?
أين يمكن للمرء أن يذهب للرقص هنا؟

Ist hier noch frei?
hal hāḏā l-makānu ḫālin?
هل هذا المكان خالٍ؟

Kann man hier auch etwas essen?
hal yumkinu li-l-marᵓi ᵓan yaᵓkula šayᵓan hunā?
هل يمكن للمرء أن يأكل شيئا هنا؟

Haben Sie eine Getränkekarte?
▸ *Getränke, S. 91*
hal ladayka qāᵓimatu mašrūbāt?
هل لديك قائمة مشروبات؟

Behörden

Bank

Entschuldigen Sie bitte, wo ist hier eine Bank?
maᶜḏiratan ᵓayna yūǧadu bankun hunā?
معذرةً، أين يوجدُ بنكٌ هنا؟

Wo kann ich Geld wechseln?
ᵓayna yumkinunī ᵓan ᵓubaddila l-ᶜumlāt?
أين يمكنني أن أبدّل العملات؟

Ich möchte ... Euro umtauschen.
ᵓawaddu tabdīla … yūrū.
أود تبديلَ ... يورو.

Ich möchte ... Schweizer Franken umtauschen.
ᵓawaddu tabdīla … farank siwīsrī.
أود تبديلَ ... فرنك سويسريّ.

Wie hoch sind die Gebühren?
mā qīmatu r-rusūm?
ما قيمةُ الرسوم؟

Wie ist der Wechselkurs heute?
kam yabluġu siᶜru ṣ-ṣarfi l-yawm?
كم يبلغُ سعرُ الصرفِ اليوم؟

Ich möchte einen Reisescheck einlösen.
ᵓawaddu ṣarfa šīkin siyāḥī.
أود صرفَ شيكٍ سياحيّ.

Das könnten Sie hören:

Ihren Ausweis bitte.
◂ biṭāqataka š-šaḫṣiyyata min faḍlik.
بطاقتَك الشخصيةَ من فضلك.

Wie möchten Sie das Geld haben?
◂ ᵓayyata fiᵓātin min an-nuqūd turīd?
أيَّة فئاتٍ من النقودِ تريد؟

In kleinen Scheinen, bitte.
fiᵓātin ṣaġīra, min faḍlik.
فئاتٍ صغيرة من فضلك.

Weitere Wörter

Betrag	mablaġ	مبلغ
EC-Karte	ᵓī sī kārt	إي سي كارت
Geheimzahl	raqmun sirrī	رقمٌ سريّ
Geldautomat	ᵓālatu ṣarfi n-nuqūd	آلةُ صرفِ النقود
Kasse	ḫazīna	خزينة
Kreditkarte	biṭāqatu iᵓtimān	بطاقةُ ائتمان
Münze	qiṭᶜatun maᶜdaniyya	قطعةٌ معدنية
Überweisung	taḥwīl	تحويل
Unterschrift	tawqīᶜ	توقيع
Währung	ᶜumla	عملة
Wechselstube	maktabu ṣirāfa	مكتبُ صرافة

Post

Wo ist das nächste Postamt?
ᵓayna ᵓaqrabu maktabi barīd?
أين أقربُ مكتب بريد؟

Wo ist der nächste Briefkasten?
ᵓayna ᵓaqrabu ṣundūqi barīd?
أين أقرب صندوق بريد؟

Was kostet eine Karte nach ...
kam yatakallafu l-kārtu l-barīdiyyu ᵓilā ...?
كم يتكلف الكارت البريدي إلى ... ؟

Was kostet ein Brief nach ...
kam yatakallafu l-ḫiṭābu ᵓilā ...?
كم يتكلف الخطاب إلى ... ؟

Fünf Briefmarken zu ..., bitte.	ḫamsata ṭawābiᶜa barīdin bi- ..., min faḍlik.	خمسةَ طوابع بريد بـ ... ، من فضلك.
Ich möchte dieses Paket aufgeben.	ᵓawaddu taslīma hāḏā ṭ-ṭard.	أودُّ تسليمَ هذا الطرد.
Haben Sie Post für mich?	hal yūǧadu barīdun lī?	هل يوجدُ بريدٌ لي؟

Weitere Wörter

Absender	mursil	مرسِل
Adresse	ᶜunwān	عنوان
Ansichtskarte	kārtun taḏkārī	كارتٌ تذكاري
Briefmarke	ṭābiᶜu barīd	طابع بريد
Eilbrief	ḫiṭābun mustaᶜǧil	خطابٌ مستعجل
Empfänger	mutalaqqī	متلقي
Päckchen	ṭardun ṣaġīr	طردٌ صغير
Postleitzahl	raqmun barīdī	رقمٌ بريدي
schicken	yursilu	يرسلُ
Sondermarke	ṭābiᶜu barīdin taḏkārī	طابعُ بريدٍ تذكاري
Wertangabe	bayānu l-qīma	بيانُ القيمة
Wertpaket	ṭarḏun muᵓammanun ᶜalayhi	طردٌ مؤمَّنٌ عليه

Polizei

Wo ist das nächste Polizeirevier?	ᵓayna ᵓaqrabu qismin li-š-šurṭa? أينَ أقربُ قسمٍ للشرطة؟
Ich möchte ... anzeigen.	ᵓawaddu ᵓan ᵓubliġa ᶜan ... أودُّ أن أُبلغَ عن ...
– einen Diebstahl	– sariqa. – سرقة.
– einen Überfall	– ᶜamalīyati saṭw. – عمليةِ سطو.
– eine Vergewaltigung	– ᶜamalīyati iġtiṣāb. – عمليةِ اغتصاب.
Man hat mir meine Handtasche gestohlen.	qāma šaḫṣun bi-sariqati ḥaqībatī. قامَ شخصٌ بسرقةِ حقيبتي.
Man hat mir mein Portemonnaie gestohlen.	qāma šaḫṣun bi-sariqati maḥfaẓati nuqūdī. قامَ شخصٌ بسرقةِ محفظة نقودي.
Ich habe ... verloren.	faqadtu ... فقدت ...
Mein Auto ist aufgebrochen worden.	futiḥat sayyāratī bi-l-quwwa. فُتحت سيارتي بالقوة.
Ich bin betrogen worden.	ᵓanā ḫudiᶜtu. أنا خُدعتُ.
Ich bin zusammengeschlagen worden.	ᵓanā ḍuribtu. أنا ضُربت.
Ich benötige eine Bescheinigung für meine Versicherung.	ᵓaḥtāğu ᵓilā šahādatin li-t-taᵓmīni ᶜalayya. أحتاجُ إلى شهادةٍ للتأمين عليَّ.

Ich möchte mit meinem Anwalt sprechen.	ᵓawaddu l-ḥadīṯa ᵓilā l-muḥāmī l-ḫāṣṣ bī.	أود الحديث إلى المحامي الخاص بي.
Ich möchte mit meinem Konsulat sprechen.	ᵓawaddu l-ḥadīṯa ᵓilā l-qunṣulīyyati t-tābiᶜi lahā.	أود الحديث إلى القنصلية التابع لها.
Ich bin unschuldig.	ᵓanā barīᵓ.	أنا بريء.

Das könnten Sie hören:

Füllen Sie bitte dieses Formular aus.	◂ᵓimlaᵓ hāḏihi l-istimārata min faḍlik.	إملأ هذه الاستمارة من فضلك.

Weitere Wörter

Anzeige	balāġ	بلاغ
Autoradio	rādyū s-sayyāra	راديو السيارة
belästigen	yuᶜākisu	يعاكس
Dieb	liṣṣ	لص
Falschgeld	nuqūdun muzayyafa	نقودٌ مزيفة
Fundbüro	mustawdaᶜu l-mafqūdāt	مستودعُ المفقودات
Polizei	šurṭa	شرطة
Polizist	šurṭī	شرطيّ
Rauschgift	muḫaddir	مخدِّر
Taschendieb	naššāl	نشّال
Unfall	ḥādiṯa	حادثة
Zeuge	šāhid	شاهد

Gesundheit

Apotheke

Wo ist die nächste Apotheke (mit Nachtdienst)?	ᵓayna tūğadu ᵓaqrabu ṣaydalīya (bi-ḫidmatin layliyya)? أين توجد أقرب صيدلية (بخدمة ليلية)؟
Haben Sie etwas gegen ...?	hal ladaykum dawāᵓun ḍidda ...? هل لديكم دواء ضد ... ؟
Ich brauche dieses Medikament.	ᵓurīdu hāḏā d-dawāᵓ. أريد هذا الدواء.
Eine kleine Packung genügt.	ᶜulbatun ṣaġīratun kāfiyya. علبة صغيرة كافية.

Das könnten Sie hören:

Dieses Medikament ist rezeptpflichtig.	◂lā yuṣarafu hāḏā d-dawāᵓu ᵓillā bi-ᵓamri ṭ-ṭabīb. لا يصرف هذا الدواء إلا بأمر الطبيب.
Wie muss ich es einnehmen?	kayfa ᵓatanāwaluhu? كيف أتناوله؟

Das könnten Sie hören:

Das haben wir nicht da.	◂lā yūğadu ladaynā hāḏā. لا يوجد لدينا هذا.
Wir müssen es bestellen.	◂yağibu ᵓan naṭlubahu. يجب أن نطلبه.
Wann kann ich es abholen?	matā yumkinunī ᵓan ᵓātiya wa-ᵓāḫuḏahu? متى يمكنني أن آتي وآخذه؟

Medikamente

Abführmittel	mushil	مسهل
Antibabypille	ᵓaqrāṣu manᶜi l-ḥaml	أقراص منع الحمل
Antibiotikum	muḍāddun ḥayawī	مضادٌ حيوي
Augentropfen	qaṭratu ᶜayn	قطرة عين
Desinfektionsmittel	mādatun muᶜaqqima	مادة معقمة
Elastikbinde	ribāṭun marin	رباط مرن
fiebersenkendes Mittel	dawāᵓun muḫaffiḍun li-l-ḥarāra	دواء مخفض للحرارة
Fieberthermometer	tirmūmitr ṭibbī	ترمومتر طبي
Halsschmerztabletten	ᵓaqrāsun li-ᵓālāmi l-raqaba	أقراص لآلام الرقبة
homöopathisch	mudāwātun bi-l-miṯl	مداواة بالمثل
Hustensaft	šarābun muḍāddun li-s-suᶜāl	شراب مضاد للسعال
Insulin	ansulīn	أنسولين
Jod	yūd	يود
Kondome	kabābīd	كبابيد
Kopfschmerztabletten	ᵓaqrāṣun ḍidda ṣ-ṣudāᶜ	أقراص ضد الصداع
Kreislaufmittel	dawāᵓun ḍidda iḍṭirābāti d-dawrati d-damawiyya	دواء ضد اضطرابات الدورة الدموية
Magentabletten	ᵓaqrāṣun ḍidda ᵓālāmi l-maᶜida	أقراص ضد آلام المعدة
Mittel gegen ...	dawāᵓun ḍidd …	دواء ضد …

Mullbinde	ribāṭun ḍāġiṭ	رباط ضاغط
Nasentropfen	qaṭratu l-ᵓanf	قطرة الأنف
Ohrentropfen	qaṭratu l-ᵓuḏun	قطرة الأذن
Pflaster	šarīṭun lāṣiq	شريط لاصق
Pulver	masḥūq	مسحوق
Rezept	waṣfatun ṭibbiyya	وصفة طبية
Salbe	marham	مرهم
Salbe gegen Juckreiz	marhamun ḍidda l-ḥikka	مرهم ضد الحكة
Salbe gegen Mückenstiche	marhamun ḍidda ladġāti n-nāmūs	مرهم ضد لدغات الناموس
Salbe gegen Sonnenallergie	marhamun ḍidda ḥassāsīyati š-šams	مرهم ضد حساسية الشمس
Salbe gegen Sonnenbrand	marhamun ḍidda iḥtirāqi l-ğild bi-sababi š-šams	مرهم ضد احتراق الجلد بسبب الشمس
Schlaftabletten	ᵓaqrāṣun munawwima	أقراص منومة
Schmerzmittel	dawāᵓun ḍidda l-ᵓalam	دواء ضد الألم
Spritze	ḥuqna	حقنة
Tabletten gegen …	ᵓaqrāṣun ḍidda …	أقراص ضد …
Tropfen	qaṭra	قطرة
Verbandszeug	ᵓadawātu t-taḍmīd	أدوات التضميد
Wundsalbe	marhamun li-l-ğurūḥ	مرهم للجروح
Zäpfchen	labūs	لبوس

Arzt

Arztsuche

Können Sie mir einen praktischen Arzt empfehlen?	hal yumkinuka ᵓan tadullanī ᶜalā ṭabībin ᶜām? هل يمكنك أن تدلني على طبيب عام؟
Können Sie mir einen Zahnarzt empfehlen?	hal yumkinuka ᵓan tadullanī ᶜalā ṭabībi ᵓasnān? هل يمكنك أن تدلني على طبيب أسنان؟
Können Sie mir einen Kinderarzt empfehlen?	hal yumkinuka ᵓan tadullanī ᶜalā ṭabībi ᵓaṭfāl? هل يمكنك أن تدلني على طبيب أطفال؟
Spricht er Deutsch?	hal yatakallamu l-luġata l-ᵓalmāniyya? هل يتكلم اللغة الألمانية؟

Info

Einen Arzt (ṭabībun) oder einen Facharzt (ṭabībun ᵓaḫiṣṣāᵓīyun) spricht man auf Arabisch mit yā duktūr! (Herr Doktor!) an, eine Ärztin (ṭabībatun) oder Fachärztin (ṭabībatun ᵓaḫiṣṣāᵓīyatun) dementsprechend mit yā duktūra! (Frau Doktor!). Die Bezeichnung für eine Frauenärztin lautet ṭabībatu n-nisāᵓ.

Spricht er Englisch?	hal yatakallamu l-luġata l-ᵓinǧilīziyya?	هل يتكلم اللغة الانجليزية؟
Wo ist seine Praxis?	ᵓayna tūǧadu ᶜiyādatuhu?	أين توجد عيادته؟
Kann er herkommen?	hal yumkinuhu l-ḥuḍūru ᵓila hunā?	هل يمكنه الحضور إلى هنا؟
Rufen Sie bitte einen Krankenwagen!	iṭṭaṣil bi-sayyārati l-ᵓisᶜāf min faḍlik!	اتصل بسيارة الإسعاف من فضلك!
Rufen Sie bitte einen Notarzt!	iṭṭaṣil bi-ṭabībi ṭ-ṭawāriᵓ min faḍlik!	اتصل بطبيب الطوارئ من فضلك!
Mein Mann ist krank.	zawǧī marīḍ.	زوجي مريض.
Meine Frau ist krank.	zawǧatī marīḍa.	زوجتي مريضة.
Wohin bringen Sie ihn?	ᵓayna sa-tanqilūnahu?	أين ستنقلونه؟
Wohin bringen Sie sie?	ᵓayna sa-tanqilūnahā?	أين ستنقلونها؟
Ich möchte mitkommen.	ᵓurīdu ᵓan ᵓurāfiqakum.	أريد أن أرافقكم.

Ärzte

Arzt	ṭabīb	طبيب
Ärztin	ṭabība	طبيبة
Augenarzt	ṭabību ᶜuyūn	طبيب عيون
Frauenarzt	ṭabību ᵓamrāḍi n-nisāᵓ	طبيب أمراض النساء
Frauenärztin	ṭabībatu ᵓamrāḍi n-nisāᵓ	طبيبة أمراض النساء
Hals-Nasen-Ohren-Arzt	ṭabību ᵓamrāḍi z-zawr - l-ᵓanf - l-ᵓuḏun	طبيب أمراض الزور-الأنف-الأذن
Hautarzt	ṭabību ᵓamrāḍi l-ğild	طبيب أمراض الجلد
Heilpraktiker	muᶜāliğun ġayru ḥāmilin li-šahādatin ṭibbiyya	معالج غير حامل لشهادة طبية
Internist	ᵓaḫiṣṣāᵓī ᵓamrāḍin bāṭiniyya	أخصائي أمراض باطنية
Kinderarzt	ṭabību ᵓaṭfāl	طبيب أطفال
Orthopäde	ᵓaḫiṣṣāᵓī ğirāḥati l-ᶜiẓām	أخصائي جراحة العظام
Praktischer Arzt	ṭabībun mumāris	طبيب ممارس
Tierarzt	ṭabībun bayṭarī	طبيب بيطري
Urologe	ṭabību l-masāliki l-bawlīya	طبيب المسالك البولية
Zahnarzt	ṭabību ᵓasnān	طبيب أسنان

Beim Arzt

Ich habe ...	ladayya …	لدي …
– Kopfschmerzen.	– ᵓālāmun fī r-rᵓas.	– آلام في الرأس.
– Halsschmerzen.	– ᵓawǧāᶜun fī r-raqaba.	– أوجاع في الرقبة.
– hohes Fieber.	– ḥarāratun murtafiᶜatun ǧiddan.	– حرارة مرتفعة جدّا.
– Fieber.	– ḥummā.	– حمى.
– Durchfall.	– ᵓishāl.	– إسهال.
Mir ist schwindelig.	ᵓuḥissu bi-dawār.	أحس بدوار.
Mir tut/tun ... weh.	ᵓuḥissu bi-ᵓālāmin fī …	أحس بآلامٍ في …
Hier habe ich Schmerzen.	ᵓuḥissu bi-ᵓālāmin hunā.	أحس بآلام هنا.
Ich habe mich (mehrmals) übergeben.	taqayyaᵓtu (ᶜiddata marrāt).	تقيأت (عدة مرات).
Ich habe mir den Magen verdorben.	laqad ᵓafsadtu maᶜidatī.	لقد أفسدت معدتي.
Ich bin ohnmächtig geworden.	ᵓuġmīya ᶜalayya.	أغمي علي.
Ich kann ... nicht bewegen.	lā ᵓastaṭīᶜu ᵓan ᵓuḥarrika …	لا أستطيع أن أحرك …
Ich habe mich verletzt.	ǧaraḥtu nafsī.	جرحت نفسي.

Ich bin gestürzt.	saqaṭtu.	سقطت.
Ich bin von … gestochen worden.	laqad ladaġanī …	لقد لدغني …
Ich bin von … gebissen worden.	laqad ʿaḍḍanī …	لقد عضني …
Ich bin (nicht) gegen … geimpft.	ʾanā (ġayru) muṭaʿʿamun/in ḍidda …	أنا (غير) مطعم ضد …
Ich bin allergisch gegen Penizillin.	ʿindī ḥassāsīyatun ḍidda l-binsilīn.	عندي حساسية ضد البنسلين.
Mein Kind ist allergisch gegen Milchprodukte.	ṭiflī yuʿānī min ḥassāsīyatin ḍidda muštaqāti l-ḥalīb.	طفلي يعاني من حساسية ضد مشتقات الحليب.
Ich habe einen hohen Blutdruck.	ḍaġṭu d-dami ʿindī murtafiʿ.	ضغط الدم عندي مرتفع.
Ich habe einen niedrigen Blutdruck.	ḍaġṭu d-dami ʿindī munḫafiḍ.	ضغط الدم عندي منخفض.
Ich habe einen Herzschrittmacher.	ladayya munaẓẓimun li-ḍarabāti l-qalb.	لدي منظم لضربات القلب.
Ich bin (im … Monat) schwanger.	ʾanā ḥāmilun (fī š-šahri l- …).	أنا حامل (في الشهر الـ …).
Ich bin Diabetiker.	ʾuʿānī min maraḍi s-sukkar.	أعاني من مرض السكر.

Ich nehme regelmäßig diese Medikamente.	ᵓatanāwalu hāḏihi l-ᵓadwiyyati bi-ntiẓām.	أتناول هذه الأدوية بانتظام.

Das könnten Sie hören:

Was für Beschwerden haben Sie?	◂mimmā tuᶜānī?	مما تعاني؟
Wo haben Sie Schmerzen?	◂ᵓayna tuḥissu bi-ᵓālām?	أين تحس بآلام؟
Tut das weh?	◂hal yuᵓlimuka ḏālik?	هل يؤلمك ذلك؟
Öffnen Sie den Mund.	◂ᵓiftaḥ fammak.	إفتح فمك.
Zeigen Sie die Zunge.	◂ᵓaḫriǧ lisānak.	أخرج لسانك.
Wir müssen Sie röntgen.	◂yaǧibu ᵓan nakšifa laka bi-lᵓašiᶜᶜa.	يجب أن نكشف لك بالأشعة.
Atmen Sie tief. Atem anhalten.	◂tanaffas bi-ᶜumq. ᵓawqifi t-tanaffus.	تنفس بعمق. أوقف التنفس.
Wie lange haben Sie diese Beschwerden schon?	◂munḏu matā tuᶜānī min hāḏihi l-ᵓawǧāᶜ?	منذ متى تعاني من هذه الأوجاع؟
Sind Sie gegen ... geimpft?	◂hal ᵓanta muṭaᶜᶜamun ḍidda ...?	هل أنت مطعم ضد ... ؟

Haben Sie einen Impfpass?	◂hal ladayka biṭāqatu taṭᶜīm?	هل لديك بطاقة تطعيم؟
Ihr Blut muss untersucht werden.	◂yağibu faḥṣu ᶜayyinatin min damik.	يجب فحص عينة من دمك.
Ihr Urin muss untersucht werden.	◂yağibu faḥṣu ᶜayyinatin min bawlik.	يجب فحص عينة من بولك.

Das könnten Sie hören:

Sie müssen operiert werden.	◂yağibu ᵓan tuğrā laka ᶜamalīya.	يجب أن تجرى لك عملية.
Es ist nichts Ernstes.	◂laysa hunāka dāᶜin li-l-qalaq.	ليس هناك داع للقلق.
Kommen Sie morgen wieder.	◂qum bi-l-ᶜawdati ġadan.	قم بالعودة غدا.
Kommen Sie in ... Tagen wieder.	◂qum bi-l-ᶜawdati baᶜda ... ᵓayyām.	قم بالعودة بعد ... أيام.
Können Sie mir ein Attest ausstellen?	hal yumkinuka ᵓan taktuba lī taqrīran ṭibbiyyan?	هل يمكنك أن تكتب لي تقريراً طبياً؟
Muss ich noch einmal kommen?	hal yağibu ᵓan ᵓaᶜūda marratan ᵓuḫrā?	هل يجب أن أعود مرة أخرى؟
Geben Sie mir bitte eine Quittung für meine Versicherung.	ᵓaᶜṭinī min faḍlika ᵓīṣālan li-šarikati taᵓmīnī.	أعطني من فضلك إيصالاً لشركة تأميني.

Körperteile

Bandscheibe	nasīğun rābitun li-l-faqarāt	نسيج رابط للفقرات
Becken	ᶜiẓāmu l-ḥawḍ	عظام الحوض
Blase	maṯāna	مثانة
Blinddarm	az-zāᵓida d-dūdiyya	الزائدة الدودية
Blut	dam	دم
Bronchien	šuᶜayyabātin hawāᵓiyya	شعيباتٍ هوائية
Brust	ṣadr	صدر
Darm	ᵓamᶜāᵓ	أمعاء
Galle	marāra	مرارة
Gehirn	muḫḫ	مخ
Gelenk	mafṣil	مفصل
Gesäß	maqᶜada	مقعدة
Geschlechtsorgane	al-ᵓaᶜḍāᵓu t-tanāsuliyya	الأعضاء التناسلية
Gesicht	wağh	وجه
Haut	ğild	جلد
Herz	qalb	قلب
Hüfte	ḫāṣira	خاصرة
Knie	rukba	ركبة
Kniescheibe	raḍfa	رضفة
Knöchel	kāḥil	كاحل
Knochen	ᶜaẓm	عظم

Kopf	raʾs	رأس
Körper	ǧism	جسم
Leber	kabid	كبد
Lunge	riʾa	رئة
Magen	maʿida	معدة
Mandeln	lawzatān	لوزتان
Muskel	ʿaḍala	عضلة
Nacken	qafā	قفا
Nebenhöhle	ǧuyūbun ʾanfiyya	جيوب أنفية
Nerv	ʿaṣab	عصب
Niere	kulya	كُلية
Rippe	ḍilʿ	ضلع
Rücken	ẓahr	ظهر
Schienbein	ʿaẓmu l-qaṣaba	عظم القصبة
Schilddrüse	ġuddatun daraqiyya	غدة درقية
Schleimhaut	ġišāʾun muḫāṭī	غشاء مخاطي
Schlüsselbein	tarquwa	ترقوة
Schulter	katif	كتف
Sehne	watar	وتر
Stirn	ǧabha	جبهة
Stirnhöhle	taǧwīfu l-ǧabha	تجويف الجبهة
Wade	baṭṭa s-sāq	بطة الساق
Wirbel	faqra	فقرة
Wirbelsäule	al-ʿamūdu l-faqrī	العمود الفقري
Zehe	ʾiṣbaʿu l-qadam	إصبع القدم
Zunge	lisān	لسان

Krankheiten

Abszess	dummal	دِمّل
Aids	ᵓĪdz	إيدز
Allergie	ḥassāsīya	حساسية
ansteckend	muᶜdī	معدي
Asthma	rabw	ربو
Atembeschwerden	ḍīqu tanaffus	ضيقُ تنفس
Ausschlag	ṭafḥun ǧildī	طفح جلدي
Bänderriss	tamazzuqu l-ᵓarbiṭa	تمزق الأربطة
Bindehaut-entzündung	iltihābu laḥmīyati l-ᶜayn	التهاب لحمية العين
Biss	ladġa	لدغة
Blasenentzündung	iltihābu l-maṯāna	التهاب المثانة
Blinddarm-entzündung	iltihābu z-zāᵓidati d-dūdiyya	التهاب الزائدة الدودية
Blutung	nazīf	نزيف
Blutvergiftung	tasammumu d-dam	تسمم الدم
Bronchitis	iltihābun šuᶜabī	التهاب شعبي
Diabetes	maraḍu s-sukkar	مرض السكر
Durchfall	ᵓishāl	إسهال
Entzündung	iltihāb	التهاب
Erbrechen	taqayyuᵓ	تقيء
Erkältung	nazlatu bard	نزلة برد
Gallensteine	ḥaṣawātun ṣafrāwiyya	حصوات صفراوية

gebrochen	maksūr	مكسور
Gehirnerschütterung	irtiǧāǧu l-muḫḫ	ارتجاج المخ
Geschlechtskrankheit	ᵓamrāḍun tanāsuliyya	أمراض تناسلية
Geschwür	qurḥa	قرحة
Grippe	ᵓinfluwanzā	أنفلونزا
Hämorrhoiden	bawāsīr	بواسير
Herpes	qūbāᵓ	قوباء
Herzanfall	saktatun qalbiyya	سكتة قلبية
Herzfehler	maraḍu l-qalb	مرض القلب
Herzinfarkt	ǧulṭatun qalbiyya	جلطة قلبية
Heuschnupfen	ḥummā d-darīs	حمى الدريس
Hexenschuss	lūmbāgū	لومباجو
Hirnhautentzündung	iltihābu s-saḥāyā	التهاب السحايا
Husten	kuḥḥa	كحة
Infektion	ᶜadwā	عدوى
Insektenstich	ladġatu ḥašara	لدغة حشرة
Keuchhusten	suᶜālun dīkī	سعال ديكي
Kinderlähmung	šalalu l-ᵓaṭfāl	شلل الأطفال
Krampf	tašannuǧ	تشنج
Krebs	saraṭān	سرطان
Kreislaufstörungen	iḍṭirābātun fī d-dawrati d-damawiyya	اضطرابات في الدورة الدموية
Lebensmittelvergiftung	tasammumun ġiḏāᵓī	تسمم غذائي
Lungenentzündung	iltihābun riᵓawī	التهاب رئوي

Magengeschwür	qurḥatun fī l-maᶜida	قرحة في المعدة
Magenschmerzen	ᵓālāmun fi l-maᶜida	آلام في المعدة
Malaria	malāriyā	ملاريا
Mandelentzündung	iltihābu l-lawzatayn	التهاب اللوزتين
Masern	ḥaṣba	حصبة
Menstruation	ḥayḍ	حيض
Migräne	ṣudāᶜun niṣfī	صداع نصفي
Mittelohrentzündung	iltihābu l-ᵓuḏuni l-wusṭa	التهاب الأذن الوسطى
Muskelzerrung	šaddun ᶜaḍalī	شد عضلي
Nierensteine	ḥaṣawātun fi l-kulya	حصوات في الكُلية
Pilzinfektion	ᶜadwā fiṭriyya	عدوى فطرية
Prellung	ṣadma	صدمة
Rheuma	rūmatīzm	روماتيزم
Röteln	iḥmirār	احمرار
Salmonellen-vergiftung	tasammum salmūnī	تسمم سلموني
Scheidenentzündung	iltihābu l-mahbil	التهاب المهبل
Schlaganfall	sakta	سكتة
Schnupfen	zukām	زكام
Schüttelfrost	riᵓšatu l-ḥummā	رعشة الحمى
Schweißausbruch	taṣabbubu l-ᶜaraq	تصبب العرق
Schwellung	intifāḫ	انتفاخ
Schwindel	dawḫa	دوخة
Sodbrennen	ḥaraqān fi l-maᵓida	حرقان في المعدة
Sonnenstich	ḍarbatu šams	ضربة شمس

Stich	laḏġa	لذغة
Tetanus	kuzāz	كزاز
Übelkeit	ġaṯayān	غثيان
Verbrennung	ḥarq	حرق
Verletzung	ğarḥ	جرح
verrenkt	multawiyya	ملتوية
verstaucht	mağzūᶜa	مجزوعة
Verstopfung	ᵓimsāk	إمساك
Wunde	ğarḥ	جرح
Zeckenbiss	ᶜaḍḍatu l-qurāda	عضة القرادة

Im Krankenhaus

Gibt es hier jemanden, der Deutsch spricht?	hal yūğadu ᵓaḥadun hunā yataḥaddaṯu l-ᵓalmāniyya? هل يوجد هنا أحد يتحدث الألمانية؟
Ich möchte mit einem Arzt sprechen.	ᵓurīdu t-taḥadduṯa maᶜa ṭabīb. أريد التحدث مع طبيب.
Ich möchte mich lieber in Deutschland operieren lassen.	ᵓufaḍḍilu ᵓiğrāᵓa l-ᶜamalīyati fī ᵓalmāniyā. أفضل إجراء العملية في ألمانيا.
Ich habe eine Versicherung für den Rücktransport.	laqad qumtu bi-t-taᵓmīni ᶜalā ᵓiᶜādati n-naql. لقد قمت بالتأمين على إعادة النقل.

Bitte benachrichtigen Sie meine Familie.
ᵓaḫbir ᶜāᵓilatī min faḍlik.
أخبر عائلتي من فضلك.

Schwester, könnten Sie mir bitte helfen?
ᵓayytuhā l-mumarriḍa, hal mina l-mumkini musāᶜadatī min faḍlik?
أيتها الممرضة هل من الممكن مساعدتي من فضلك؟

Geben Sie mir bitte etwas gegen die Schmerzen.
ᵓaᶜṭinī šayᵓan ḍidda l-ᵓālāmi min faḍlik.
أعطني شيئاً ضد الآلام.

Geben Sie mir bitte etwas zum Einschlafen.
ᵓaᶜṭinī šayᵓan li-n-nawmi min faḍlik.
أعطني شيئاً للنوم من فضلك.

Beim Zahnarzt

Dieser Zahn hier tut weh.
hāḏihi s-sinna tuᵓlimunī.
هذه السنة تؤلمني.

Der Zahn ist abgebrochen.
taᶜarraḍat sinnatī li-l-kasr.
تعرضت سنتي للكسر.

Ich habe eine Füllung verloren.
faqadtu ḥašwa s-sinna.
فقدت حشو السنة.

Ich habe eine Krone verloren.
faqadtu tāǧa s-sinna.
فقدت تاج السنة.

Können Sie den Zahn provisorisch behandeln?
hal yumkinuka l-qiyāmu bi-ᶜilāǧin muᵓaqqatin li-s-sinna?
هل يمكنك القيام بعلاج مؤقت للسنّة؟

Den Zahn bitte nicht ziehen.	lā taḫlaᶜi s-sinnata min faḍlik. لا تخلع السنَّة من فضلك.	
Geben Sie mir bitte eine Spritze.	ᵓaᶜṭinī ḥuqnata min faḍlik. أعطني حقنة من فضلك.	
Geben Sie mir bitte keine Spritze.	lā tuᶜṭinī ḥuqnata min faḍlik. لا تعطني حقنة من فضلك.	
Können Sie diese Prothese reparieren?	hal yumkinuka ᵓiṣlāḥu ṭaqmati l-ᵓasnāni hāḏihi? هل يمكنك إصلاح طقمة الأسنان هذه؟	

Das könnten Sie hören:

Sie brauchen ...	◂taḥtāǧu ᵓilā ...	تحتاج إلى ...
– eine Brücke.	– ǧisr.	جسر.
– eine Füllung.	– ḥašwa.	حشوة.
– eine Krone.	– tāǧ.	تاج.
Ich muss den Zahn ziehen.	◂yaǧibu ᵓan ᵓaḫlaᶜa s-sinna. يجب أن أخلع السنَّة.	
Bitte gut spülen.	◂ᵓaġsilhu ǧayyidan min faḍlik. أغسله جيداً من فضلك.	
Bitte zwei Stunden nichts essen.	◂lā taᵓkul šayᵓan li-muddati sāᶜatyni min faḍlik. لا تأكل شيئا لمدة ساعتين من فضلك.	

Weitere Wörter

Abdruck	ṣūra	صورة
Amalgamfüllung	ḥašwun malġamī	حشو ملغمي
Gebiss (Prothese)	ṭaqmu l-ᵓasnān	طقم الأسنان
Goldinlay	ḥašwun ḏahabī	حشو ذهبي
Inlay	ḥašwu l-ᵓasnān	حشو الأسنان
Karies	tasawwus	تسوس
Kiefer	fakk	فك
Kunststofffüllung	ḥašwun ṣināᶜī	حشو صناعي
Nerv	ᶜaṣab	عصب
Parodontose	maraḍu rawābiṭi l-ᵓasnān	مرض روابط الأسنان
Porzellanfüllung	ḥašwun bi-l-būrsīlān	حشو بالبورسيلان
Provisorium	muᵓaqqat	مؤقت
Weisheitszahn	ḍirsu l-ᶜaql	ضرس العقل
Wurzel	ǧiḏr	جذر
Wurzelbehandlung	ᶜilāǧu l-ǧuḏūr	علاج الجذور
Zahn	sinna	سنَّة
Zahnfleisch	liṯatu l-ᵓasnān	لثة الأسنان
Zahnfleischentzündung	iltihābu liṯati l-ᵓasnān	التهاب لثة الأسنان
Zahnspange	muqawwimatu l-ᵓasnān	مقومة الأسنان
Zahnstein	ǧīru l-ᵓasnān	جير الأسنان

Die Zeit

Uhrzeit

Wie spät ist es?	kami s-sā^catu l-^ɔān?	كم الساعة الآن؟
Es ist ein Uhr.	as-sā^catu l-wāḥida.	الساعةُ الواحدة.
Es ist zwei Uhr.	as-sā^catu ṯ-ṯāniyya.	الساعةُ الثّانية.
Es ist zwölf Uhr mittags.	as-sā^catu ṯ-ṯāniyyatu ^cašrata ẓuhran.	الساعةُ الثانية عشرة ظهراً.
Es ist zwölf Uhr nachts.	as-sā^catu ṯ-ṯāniyyatu ^cašrata laylan.	الساعةُ الثانية عشرة ليلاً.
Es ist fünf (Minuten) nach vier.	as-sā^catu r-rābi^catu wa-ḫamsu (daqā^ɔiq).	الساعةُ الرابعة وخمس (دقائق).
Es ist Viertel nach fünf.	as-sā^catu l-ḫāmisatu wa-r-rub^c.	الساعةُ الخامسة والرُبع.
Es ist halb sieben.	as-sā^catu s-sādisatu wa-n-niṣf.	الساعةُ السادسة والنصف.
Es ist fünfzehn Uhr fünfunddreißig.	as-sā^catu ṯ-ṯāliṯatu wa-ḫamsun wa-ṯalāṯīn daqīqa.	الساعةُ الثالثة وخمس وثلاثين دقيقة.
Es ist Viertel vor neun.	as-sā^catu t-tāsi^catu ^ɔillā r-rub^c.	الساعةُ التاسعة إلا الربع.
Es ist zehn (Minuten) vor acht.	as-sā^catu ṯ-ṯāminatu ^ɔillā ^cašra daqā^ɔiq.	الساعةُ الثامنة إلا عشر دقائق.

Um wie viel Uhr?	fī ᵓayyati sāᶜa?	في أية ساعة؟
Um zehn Uhr.	fī tamāmi s-sāᶜati l-ᶜāšira.	في تمام الساعة العاشرة.
Bis elf Uhr.	ḥattā s-sāᶜati l-ḥādiyyati ᶜašra.	حتى الساعة الحادية عشرة.
Von acht bis neun Uhr.	min aṯ-ṯāminati ᵓilā t-tāsiᶜa.	من الثامنة إلى التاسعة.
Zwischen zehn und zwölf Uhr.	bayna l-ᶜāširati wa-ṯ-ṯāniyyati ᶜašra.	بين العاشرة و الثانية عشرة.
In einer halben Stunde.	baᶜda nisfi sāᶜa.	بعد نصف ساعة.
Es ist (zu) spät.	ᵓal-waqtu mutaᵓaḫḫir (ǧiddan).	الوقت متأخر (جداً).
Es ist noch zu früh.	lā yazālu l-waqtu mubakkiran.	لايزال الوقت مبكراً.

Allgemeine Zeitangaben

Abend; abends	al-masāᵓ; masāᵓan	المساء؛ مساءً
bald	qarīban	قريباً
bis	ḥattā	حتى
früh	mubakkiran	مبكراً
gestern	ᵓams	أمس
halbe Stunde	niṣfu sāᶜa	نصف ساعة

heute	al-yawm	اليوم
heute Abend	al-yawma masāᵓan	اليوم مساءً
heute Morgen	al-yawma ṣabāḥan	اليوم صباحاً
heute Nachmittag	al-yawma baᶜda ẓ-ẓuhr	اليوم بعد الظُهر
in 14 Tagen	baᶜda ᵓarbaᶜati ᶜašara yawman	بعد أربعة عشرة يوماً
Jahr	sana	سنة
jetzt	al-ᵓān	الآن
manchmal	ᵓaḥyānan	أحياناً
Minute	daqīqa	دقيقة
mittags	ẓuhran	ظهراً
Monat	šahr	شهر
morgen	ġadan	غداً
Morgen; morgens	aṣ-ṣabāḥ; ṣabāḥan	الصباح؛ صباحاً
Nachmittag; nachmittags	baᶜda ẓ-ẓuhr; ẓuhran	بعد الظهر؛ ظهراً
nächstes Jahr	as-sanatu l-qādima	السنة القادمة
Nacht; nachts	al-layl; laylan	الليل؛ ليلاً
seit	munḏu	منذ
Sekunde	ṯāniya	ثانية
spät	mutaᵓaḫḫir	متأخر
später	fīmā baᶜd	فيما بعد
Stunde	sāᶜa	ساعة
Tag	yawm	يوم
übermorgen	baᶜda ġad	بعد غد

um	fī tamām	في تمام
Viertelstunde	rubᶜu sāᶜa	ربع ساعة
vor einem Monat	qabla šahr	قبل شهر
vor kurzem	qabla qalīl	قبل قليل
vorgestern	qabla ᵓams	قبل أمس
Vormittag; vormittags	aḍ-ḍuḥā; qabla ẓ-ẓuhr	الضحى؛ قبل الظهر
Woche	ᵓusbūᶜ	أسبوع
Zeit	waqt	وقت

Jahreszeiten

Frühling	rabīᶜ	ربيع
Sommer	ṣayf	صيف
Herbst	ḫarīf	خريف
Winter	šitāᵓ	شتاء

Wochentage

Montag	al-ᵓiṯnayn	الاثنين
Dienstag	aṯ-ṯulāṯāᵓ	الثلاثاء
Mittwoch	al-ᵓarbiᶜāᵓ	الأربعاء
Donnerstag	al-ḫamīs	الخميس
Freitag	al-ğumᶜa	الجمعة
Samstag	as-sabt	السبت
Sonntag	al-ᵓaḥad	الأحد

Monate

Januar	yanāyir	يناير
Februar	fibrāyir	فبراير
März	māris	مارس
April	ᵓabrīl	أبريل
Mai	māyū	مايو
Juni	yūnyū	يونيو
Juli	yūlyū	يوليو
August	ᵓaġusṭus	أغسطس
September	siptambir	سبتمبر
Oktober	ᵓuktūbar	أكتوبر
November	nūfambir	نوفمبر
Dezember	dīsambir	ديسمبر

Feiertage

Info

Die wichtigsten muslimischen Feiertage sind das Opferfest, die Nacht der Bestimmung, in der die erste Offenbarung des Korans an Mohammad erfolgte, und das Fest des Fastenbrechens, mit dem der Ramadan endet. Aufgrund des islamischen Mondjahres, das 354 Tage hat, verschieben sich die Monate gegenüber dem christlichen Jahr jährlich um elf bis zwölf Tage, so dass die oben genannten Feiertage zu jeder Jahreszeit stattfinden können.

Das Wetter

Wetter

Was für ein schönes Wetter heute!	mā ᵓağmala ṭ-ṭaqsi l-yawm!	ما أجملَ الطقس اليوم!
Was für ein schlechtes Wetter heute!	mā ᵓaswaᵓa ṭ-ṭaqsi l-yawm!	ما أسوأَ الطقس اليوم!
Wie wird das Wetter morgen?	kayfa ḥālu ṭ-ṭaqsi ġadan?	كيف حال الطقس غداً؟
Wie wird das Wetter heute?	kayfa ḥālu ṭ-ṭaqsi l-yawm?	كيف حال الطقس اليوم؟
Es ist …	aṭ-ṭaqsu l-yawma ….	الطقس اليوم ….
Es wird …	aṭ-ṭaqsu sa-yakūnu …	الطقس سيكونُ …
– schön.	– ğamīlan.	– جميلاً.
– schlecht.	– radīᵓan.	– رديءً.
– warm.	– dāfiᵓan.	– دافئاً.
– heiß.	– ḥārran.	– حاراً.
– kalt.	– bāridan.	– بارداً.
– schwül.	– ḫāniqan.	– خانقاً.
Es wird Regen geben.	sa-yakūnu hunāka ᵓamṭār.	سيكونُ هناك أمطار.
Es wird ein Gewitter geben.	sa-yakūnu hunāka barqun wa-raᶜd.	سيكونُ هناك برق ورعد.

Die Sonne scheint.	aš-šamsu sāṭiʿa	الشمسُ ساطعة.
Es ist ziemlich windig.	tūǧadu riyāḥun qawiyyatun nawʿan mā.	توجدُ رياحٌ قويّة نوعا ما.
Es regnet.	ʾinnahā tumṭir.	إنَّها تمطر.
Es schneit.	ʾinnahā tuṯliǧ.	إنَّها تثلج.

Weitere Wörter

Blitz	barq	برق
Dämmerung (abends)	ġasaq	غَسَق
Dämmerung (morgens)	faǧr	فجر
diesig	muʿtim	معتم
Donner	raʿd	رعد
feucht	raṭib	رطب
frieren; es friert	yabrudu; aṭ-ṭaqsu ǧalīdī	يبردُ؛ الطقس جليدي
Frost	ṣaqīʿ	صقيع
Glatteis	ǧalīdun zaliq	جليدٌ زلق
Grad	daraǧa	درجة
Hagel	barad	بَرَد
Hitze	ḥarāratun šadīda	حرارةٌ شديدة
Hitzewelle	mawǧatu ḥarr	موجةُ حر
klar	ṣāfin	صافٍ
Klima	munāḫ	مناخ

kühl	bārid	بارد
Luft	hawāᵓ	هواء
Luftdruck	aḍ-ḍaġṭu l-ǧawwī	الضغطُ الجوّي
Mond	qamar	قمر
nass	mubtal	مبتل
Nebel	ḍabāb	ضباب
Niederschläge	ᵓamṭār	أمطار
Nieselregen	raḏāḏu ᵓamṭār	رذاذُ أمطار
Regenschauer	maṭra	مطرة
regnerisch	mumṭir	ممطر
Sandsturm	ᶜāṣifatun ramliyya	عاصفةٌ رملية
Schnee	ṯalǧ	ثلج
Sonnenaufgang	šurūq	شروق
Sonnenuntergang	ġurūb	غروب
sonnig	mušmis	مشمِس
Stern	naǧm	نجم
Sturm	ᶜāṣifa	عاصفة
stürmisch	ᶜāṣif	عاصف
tauen	yaḏūbu	يذوب
Temperatur	daraǧatu l-ḥarāra	درجةُ الحرارة
trocken	ǧāff	جافّ
Unwetter	ᶜāṣifatun maṭāriyya	عاصفة مطارية
wechselhaft	mutaqallib	متقلب
Wind	riyāḥ	رياح
Wolke	saḥāba	سحابة

Deutsch – Arabisch

A

Abbasiden al-ᶜabbāsiyyūn العباسيون

Abend al-masāᵓ المساء

abends masāᵓan مساءً

Abendessen al-ᶜašāᵓ العشاء

aber lākin لكن

Abfahrt qiyām قيام

Abfall faḍla فضلة

Abflug ᵓiqlāᶜ إقلاع

abholen yuḥḍiru يحضر

Abkürzung iḫtiṣār اختصار

Abschied wadāᶜ وداع

Absender mursil مرسِل

Adapter muziᶜ موزع

Adresse ᶜunwān عنوان

Afrika ᵓifrīqyā إفريقيا

Afrikaner(in) ᵓifrīqī/ᵓifrīqiyya إفريقي،إفريقية

afrikanisch ᵓifrīqī إفريقي

Ägypten miṣr مصر

Ägypter(in) miṣrī/ miṣriyya مصري/ مصرية

ägyptisch miṣrī مصري

Aids ᵓīdz إيدز

Alabaster ruḫāmun ᵓabyaḍ رخام أبيض

alle ᵓağmaᶜ أجمع

allein bi-mufradihi بمفرده

Allergie ḥassāsīya حساسية

alles kullu šayᵓ كل شيء

alt qadīm قديم

Alter ᶜumr عمر

Altertum al-ᶜuṣūru l-qadīma العصور القديمة

Alufolie waraqu aluminyum ورق ألومنيوم

Amphitheater masraḥun maftūḥ مسرح مفتوح

Ananas ᵓanānās أناناس

Andenken tiḏkār تذكار

anders bi-šaklin ᵓāḫar بشكل آخر

Anfang bidāya بداية

Angst ḫawf خوف

ankommen yaṣilu يصل

Ankunft wuṣūl وصول

Anlegestelle marsā مرسى

Anmeldung tasğīl تسجيل
Anschluss mulḥaq ملحق
Anschlussflug riḥla mulḥaqa رحلة ملحقة
ansteckend muᶜdī مُعدي
Antibiotikum muḍāddun ḥayawī مضادّ حيوي
antik qadīm قديم
Antike ᵓal-ᶜuṣūru l-qadīma العصور القديمة
Antiquitäten ᵓantikātun yadawiyyatu ṣ-ṣunᶜ أنتيكات يدوية الصنع
antworten yuğību يجيب
Anzahlung ᶜarabūn عربون
Anzeige (Polizei) balāġ بلاغ
Anzug badla بدلة
Apotheke ṣaydalīya صيدلية
Appartement šaqqa شقّة
Aprikose mišmiš مشمش
April ᵓabrīl أبريل
Araber ᶜarabī عربي
Araberin ᶜarabiyya عربية
arabisch ᶜarabī عربي
auf Arabisch bi-l-luġati l-ᶜarabiyya باللغة العربية
Aramäer al-ᵓārāmiyyūn الآراميون
Arbeit ᶜamal عمل
arbeiten yaštaġilu يشتغل
Archäologie ᶜilmu l-ᵓāṯār علم الآثار
Architekt muhandisun miᶜmārī مهندس معماري
Architektur fannu l-ᶜimāra فن العمارة
Arena ḥalba حَلبة
Arm ḏirāᶜ ذراع
arm faqīr فقير
Armband siwār سوار
Arzt, Ärztin ṭabīb, ṭabība طبيب، طبيبة
Aschenbecher miṭfaᵓatu s-sağāᵓir مطفأة السجائر
aufhören yatawaqqafu يتوقف
aufschreiben sağğala سجل
Aufseher murāqib مراقب
Aufzug miṣᶜad مِصعد
Auge ᶜayn عين
Augenarzt ṭabību ᶜuyūn طبيب عيون

August ᵓaġusṭus أغسطس
Ausflug nuzha نزهة
Ausgang ḫurūğ خروج
ausgezeichnet mumtāz ممتاز
Ausgrabungen ḥafrīyāt حفريات
Ausländer ᵓağnabī أجنبي
Ausschlag ṭafḥun ğildī طفح جلدي
Aussicht manẓar منظر
aussteigen yanzilu ينزل
Ausstellung maᶜriḍ معرض
Ausverkauf taṣfiya تصفية
auswechseln yastabdilu يستبدل
Ausweis biṭāqa بطاقة
Auto sayyāra سيارة

B

Baby ṭifl طفل
Babyfläschchen raḍḍāᶜa رضاعة
Babypuder būdratu ᵓaṭfāl بودرة أطفال
Bäckerei maḫbaz مخبز
Bad ḥammām حَمَّام
Badeanzug libāsu istiḥmām لباس استحمام
Badehose māyū مايوه
Bademantel rūbu l-ḥammām روب الحمام
baden yastaḥimmu يستحِم
Badewanne bānyū بانيو
Bahnhof maḥaṭṭatu l-qiṭārāt محطة القطارات
Bahnsteig raṣīfu l-maḥaṭṭa رصيف المحطة
Bahrain al-baḥrayn البحرين
Ball kura كُرة
Ballett bāleh باليه
Banane mawz موز
Bank bank بنك
Bar bār بار
Bart ḏiqn ذقن
Basar bāzār بازار
Batterie baṭṭāriyya بطارية
Bauch baṭn بطن
Bauchtanz raqṣun šarqī رقص شرقي
Bauer fallāḥ فلاح
Baumwolle quṭn قُطن

Beanstandung šakwā
شكوى
Becher qadaḥ قدح
bedeuten yaᶜnī يعني
Bedienung ḫidma خدمة
Beduinen badwu بدو
behindert muᶜāq معاق
behindertengerecht
mušahazun li-l-muᶜāqīn
مجهزٌ للمعاقين
beige bīğ بيج
Beilage mukammilāt
مكملات
Bein riğl رجل
bekannt maᶜrūf معروف
belästigen yuᶜākisu يعاكس
bequem murīḥ مريح
Berg ğabal جبل
Bergführer muršidun fī l-ğibāl
مرشد في الجبال
Bergschuhe ᵓaḥḏiyatu tasalluqi l-ğibāl أحذية تسلق الجبال
Bergsteigen tasalluqu l-ğibāl
تسلق الجبال
Beruf waẓīfa وظيفة
berühmt mašhūr مشهور
berühren yalmisu يلمس
beschädigen yuᶜṭibu يعطب
Besen kannāsa كناسة
besser ᵓafḍal أفضل
Besteck ᵓadawātu ṭ-ṭaᶜām
أدوات الطعام
bestellen yaṭlubu يطلب
besuchen yazūru يزور
Betrag mablaġ مبلغ
Bett sarīr سرير
Bettdecke baṭṭānīya بطانية
Bettwäsche ᵓaġṭiyyatu s-sarīr
أغطية السرير
Bewässerung rayy ري
bezahlen yadfaᶜu يدفع
Bibliothek maktaba مكتبة
Bier bīra بيرة
alkoholfreies Bier
bīra ḫāliyya min al-kuḥul
بيرة خالية من الكحول
Bikini bikkīnī بكيني
Bild ṣūra صورة
Bildhauer naḥḥāt نحّات
Birne kummiṯrā كمثرى
bis ḥattā حتى

Biss ladġa لدغة

bitte tafaḍḍal تفضل

blau ᵓazraq أزرق

Bleistift qalamu raṣāṣ
قلم رصاص

Blitz (Kamera) flāš فلاش

Blitz (Gewitter) barq برق

Bluse blūza بلوزة

Blut dam دم

böse sayyiᵓ سيء

braun bunnī بُني

Brief ḫiṭāb خطاب

Briefmarke ṭābiᶜu barīd
طابع بريد

Briefumschlag ẓarfu r-rasāᵓil
ظرف الرسائل

Brille naẓẓāra نظارة

Bronze brūnz برونز

Brosche brūš بروش

Brot ḫubz خبز

Brücke ğisr جسر

Bruder ᵓaḫ أخ

Brunnen biᵓr بئر

Brust ṣadr صدر

Buchhandlung maktaba مكتبة

bunt mutaᶜadidu l-ᵓalwān
متعدد الألوان

Burg qalᶜa قلعة

Bürste furša فُرشة

Bus ḥāfila حافلة

Busbahnhof maḥaṭatu l-ᵓutūbīs
محطة الأوتوبيس

Butter zubd زُبد

byzantinisch bīzanṭī
بيزنطي

C

Café maqhā مقهى

CD qurṣun mudmağ
قرص مدمج

Chauffeur sāᵓiq سائق

christlich masīḥī مسيحي

Cocktail kūktayl كوكتيل

D

Dämmerung (abends) ġasaq
غَسَق

Dämmerung (morgens) fağr
فجر

Dampfbad ḥammāmu buḫār
حمَّام بالبخار

danach baᶜdaᵓiḏin بعدئذ

danke šukran شكراً

Datteln tamr تَمر

Datum tārīḫ تاريخ

Decke ġiṭāᵓ غطاء

defekt ḫalal خلل

denken yufakkiru يفكر

Derwisch darwīš درويش

tanzende Derwische darāwīšu ḏ-ḏikr دراويش الذكر

Derwischkloster dayru d-darāwīš دير الدراويش

Design taṣmīm تصميم

Desinfektionsmittel mādatun muᶜaqqima مادة معقمة

deutsch ᵓalmānī ألماني

Deutschland ᵓalmānyā ألمانيا

Dezember dīsambir ديسمبر

Diamant mās ماس

Diät riğīm رجيم

dick (Buch) samīk سميك

dick (Mensch) badīn بدين

Dieb liṣṣ لص

Dienstag aṯ-ṯulāṯāᵓ الثلاثاء

dieser hāḏā هذا

diesig muᶜtim معتم

Digitalkamera kāmīrā raqamiyya كاميرا رقمية

Dolmetscher mutarğimun fawrī مترجم فوري

Donner raᶜd رعد

Donnerstag al-ḫamīs الخميس

Doppelbett sarīrun muzdawwiğ سرير مزدوج

Dorf qariya قرية

Dose ᶜulba علبة

Dosenöffner fattāḥatu ᶜulab فتاحة علب

draußen bi-l-ḫāriğ بالخارج

drinnen bi-l-dāḫil بالداخل

Druckkattun nasīğun quṭniyyun maṭbūᶜ نسيج قطني مطبوع

du ᵓanta أنت

dumm ġabī غبي

dünn (Buch) raqīq رقيق

dünn (Mensch) naḥīf نحيف

Durchfall ᵓishāl إسهال

durstig sein yaᶜṭašu يعطش

Dusche dušš دُش

Dynastie ᵓusratun ḥākima أسرة حاكمة

E

echt ḥaqīqī حقيقي

Ei bayḍa بيضة

Eigentümer mālik مالِك

Eimer dalw دلو

einfach baṣīṭ بسيط

einfarbig ᵓuḥādiyyu l-lawn أحادي اللون

Einfluss taᵓṯīr تأثير

einkaufen yatasawwaqu يتسوق

Einkaufszentrum markazu t-tasawwuq مركز التسوق

einladen yadᶜū يدعو

Eintritt duḫūl دخول

Eis ᵓais krem أيس كريم

Emaille mīnā muzağğağ مينا مزجج

Empfang istiqbāl استقبال

Empfänger mutalaqqī متلقي

Ende nihāya نهاية

Endstation al-maḥaṭṭatu l-ᵓaḫīra المحطة الأخيرة

eng ḍayyiq ضَيِّق

Entzündung iltihāb التهاب

Epoche ḥiqba حِقبة

er huwa هو

Erdbeeren farāwla فراولة

Erdgeschoss ṭābiqun ᵓarḍī طابق أرضي

Erdnüsse fūl sūdānī فول سوداني

Erdöl nafṭ نفط

erfreut saᶜīd سعيد

Erkältung nazlatu bard نزلة برد

Erlaubnis ᵓiḏn إذن

Ermäßigung taḫfīḍ تخفيض

Essen ṭaᶜām طعام

essen yaᵓkulu يأكل

Etage ṭābiq طابق

EC-Karte ᵓī sī kārt إي سي كارت

Europa ᵓūrubbā أوربا

Europäer(in) ᵓūrubbī/ᵓūrubbiyya أوربي/أوربية

europäisch ᵓūrubbī أوربي

F

Fabrik maṣnaᶜ مصنع

fahren (Auto) yaqūdu s-sayyāra يقود السيارة

Fahrer sā°iq سائق

Fahrkarte taḏkaratu s-safar تذكرة السفر

Fahrkartenautomat ğihāzu tadākiri s-safar جهاز تذاكر السفر

Fahrplan ğadwalu mawā°idu s-safar جدول مواعيد السفر

Fahrrad darrāğa درّاجة

falsch ḫāṭi° خاطئ

Falschgeld nuqūdun muzayyafa نقودٌ مزيفة

Familie °usra أسرة

Farbe lawn لون

Fassade wāğiha واجهة

Fayence qīšānī قيشاني

Februar fibrāyir فبراير

Fehler ḫaṭa° خطأ

Fenster nāfiḏa نافذة

Ferien °uṭla عطلة

Ferienhaus manzilu qaḍā°i l-°uṭlāt منزل قضاء العطلات

Ferienwohnung sakanu qaḍā°i l-°uṭlāt سكن قضاء العطلات

Fernseher tilīfizyūn تليفزيون

Ferse ka°b كعب

fertig muntahī منتهي

Festspiele mahrağān مهرجان

Festung ḥiṣn حِصن

fett dasim دسِم

feucht raṭib رطب

Feuer nār نار

Feuerlöscher miṭfa°atu l-ḥarīq مطفأة الحريق

Feuerzeug wallā°a ولاعة

Fieber ḥummā حمى

Fieberthermometer tirmūmitr ṭibbī ترمومتر طبي

filmen yuṣawwiru fīlman يصوّر فيلماً

Filmkamera kāmīrā °aflām كاميرا أفلام

finden yağidu يجد

Finger °iṣba° إصبع

Fisch samak سَمَك

fischen yaṣṭādu يصطاد

Flasche zuğāğa زجاجة

Flaschenöffner fattāḥatu zuğāğāt فتاحة زجاجات

Fleisch laḥm لحم

Flugbegleiter muḍīf مضيف

Flugbegleiterin muḍifa مضيفة

Flughafen maṭār مطار

Flughafenbus ᵓutūbīsu l-maṭār أتوبيس المطار

Flughafengebühr rusūmu l-maṭār رسوم المطار

Flugzeug ṭāᵓira طائرة

Fluss nahr نهر

Folkloreabend ᵓumsīyatun fulklūriyya أمسية فلكلورية

Foto ṣūra صورة

fotografieren yuṣawwiru يصور

Foyer bahw بهو

fragen yasᵓalu يسأل

Frau (Anrede) sayyida سيدة

Frau (Ehefrau) zawǧa زوجة

frei ḫālin خال

Freitag al-ǧumᶜa الجمعة

Fremdenführer muršidun siyāḥī مرشد سياحي

Fresko friskū فريسكو

Freund ṣadīq صديق

Freundin ṣadīqa صديقة

freundlich wadūd ودود

Friedhof maqbara مقبرة

frisch ṭāziǧ طازج

frisch (Essen) ṭāziǧ طازج

frisch (Luft) naqīy نقي

Frischhaltefolie waraqu ḥifẓi l-maᵓkūlāt ورق حفظ المأكولات

Friseur ḥallāq حَلاَّق

Frisur tasrīḥa تسريحة

Frost ṣaqīᶜ صقيع

früh mubakkiran مبكراً

Frühling rabīᶜ ربيع

Frühstück fuṭūr فطور

Frühstücksbüfett bufeh l-fuṭūr بوفيه الفطور

Führerschein ruḫṣatu l-qiyāda رخصة القيادة

Führung ǧawlatun bi-muršidin siyāḥī جولة بمرشد سياحي

Fundbüro mustawdaᶜu l-mafqūdāt مستودعُ المفقودات

funktionieren yaᶜmalu يعمل

Fuß qadam قدم

Fußballspiel luᶜbatu kurati l-qadam لعبة كرة القدم

Fußreif ḫalḫāl خلخال

G

Gabel šawka شوكة

Galerie maᶜriḍ معرض

Garten ḥadīqa حديقة

Gast ḍayf ضيف

Gebäck faṭāᵓir فطائر

Gebäude mabnā مبنى

geben yuᶜṭī يعطى

Gebet duᶜāᵓ دعاء

Gebetskette subḥatu ṣ-ṣalāh سبحة الصلاة

Gebetsteppich siǧādatu s-salāh سجادة الصلاة

Gebühren ruṣūm رسوم

Geburtstag tārīḫu l-mīlād تاريخ الميلاد

Gedeck ᵓadawātu l-ᵓakl أدوات الأكل

Gedenkstätte nuṣbun tiḏkārī نصب تذكاري

gefährlich ḫaṭīr خطير

Gefäß wiᶜāᵓ وعاء

Gegend manṭiqa منطقة

Geheimzahl raqmun sirrī رقمٌ سريّ

gehen yaḏhabu يذهب

Gehirn muḫḫ مخ

Geländewagen sayyāratu d-dafᶜi r-rubāᶜī سيارة الدفع الرباعي

Geländewagentour ǧawlatun bi-sayyārati d-dafᶜi r-rubāᶜī جولةٌ بسيارة الدفع الرباعي

gelb ᵓaṣfar أصفر

Geld māl مال

Geldautomat ᵓālatu ṣarfi n-nuqūd آلةُ صرفِ النقود

Gemälde lawḥa لوحة

Gemüse ḫuḍrawāt خضروات

Gemüsehändler bāᵓiᶜ ḫuḍār بائع خضار

geöffnet maftūḥ مفتوح

Gepäckaufbewahrung mustawdaᶜu l-ᵓamānāt مستودع الأمانات

Gepäckträger ḥāmilu l-ᵓamtiᶜa حامل الأمتعة

geradeaus ᵓilā l-ᵓamām إلى الأمام

Geschäft matǧar متجر

Geschenk hadīya هدية

geschlossen muġlaq مغلق
Geschwister ᵓuḫwa أخوة
Gesicht wağh وجه
gestern ᵓams أمس
gestohlen masrūq مسروق
gesund ṣaḥīḥ صحيح
Getränk mašrūb مشروب
Gewicht wazn وزن
gewinnen yafūzu يفوزُ
Gewürze tawābil توابل
gewürzt mutabbal مُتبَّل
giftig sāmm سامّ
Gipfel qimma قمة
Glas kaᵓs كأس
Glocke ğaras جرس
Glück saᶜāda سعادة
glücklich saᶜīd سعيد
Gold ḏahab ذهب
golden ḏahabī ذهبي
Grab qabr قبر
Grabmal ḍarīḥ ضريح
Grad darağa درجة
Gräte šawk شَوكُ
grau ramādī رمادي
Grenze ḥudūd حدود
Grieß burġul برغل
Grippe ᵓanfluwanzā أنفلونزا
Größe maqās مقاس
grün ᵓaḫḍar أخضر
Gürtel ḥizām حزام
gut ğayyid جيِّد

H

haben yamluku يملك
Hafen mīnāᵓ ميناء
halb niṣf نصف
Hals raqaba رقبة
Halstuch šāl شال
halten yatawaqqafu يتوقف
Haltestelle maḥaṭṭa محطة
Hand yad يد
Handarbeit ᶜamal yadawī عمل يدوي
Handcreme marhamun li-l-yad مرهم لليد
Handgepäck ḥaqāᵓibu yad حقائب يد
Handschuhe quffāz قفاز
Handtasche ḥaqībatu yad حقيبة يد
Handtuch fūṭa فوطة

Handy hātifun maḥmūl هاتف محمول

Handynummer raqmu l-maḥmūl رقم المحمول

hart qāṣin قاسٍ

Hauptgericht waǧbatun ra°īsiyya وجبة رئيسية

Hauptsaison mawsimun ra°īsī موسم رئيسي

Haus bayt بيت

hausgemacht baytī بَيتي

Haushaltswaren °adawātun manziliyya أدوات منزلية

Haut ǧild جلد

heiraten yatazawwaǧu يتزوج

heiß sāḫin ساخن

heißen; ich heiße yusammā; °ismī يسمّى؛ اسمي

Heizung tadfi°a تدفئة

helfen yusā°idu يساعد

hell sāṭi° ساطع

Helm ḫūḏa خوذة

Hemd qamīṣ قميص

Herbst ḫarīf خريف

Herd mawqid موقد

Herr (Anrede) sayyid سيد

herrlich rā°i° رائع

Herz qalb قلب

heute al-yawm اليوم

Hilfe musā°ada مساعدة

Himmel samā° سماء

Hitze ḥarāratun šadīda حرارةٌ شديدة

hoch °ālin عالٍ

Hof finā° فناء

höflich mu°addab مؤدب

Höhle kahf كهف

Honig °asal عسل

hören yasma°u يسمع

Hose sirwāl سروال

Hotel funduq فندق

hübsch ǧamīl جميل

Hüfte ḫāṣira خاصرة

Hund kalb كلب

hungrig sein yaǧū°u يجوعُ

Husten kuḥḥa كحة

Hut qubba°a قبعة

I

ich °anā أنا

immer dā°iman دائما

Impfpass biṭāqatu t-taṭ°īm بطاقة التطعيم

in fī في

inbegriffen mašmūl مشمول

Infektion ᶜadwā عدوى

Information istiᶜlām استعلام

Innenstadt wasaṭu l-madīna وسط المدينة

Insektenspray raḏāḏun ḍidda l-ḥašarāt رذاذ ضد الحشرات

Insektenstich ladġatu ḥašara لدغة حشرة

insgesamt kāffa كافة

Insulin ᵓansulīn أنسولين

interessant mumtiᶜ ممتع

Internet ᵓintarnit إنترنت

Irak al-ᶜirāq العراق

Irrtum ḍalāl ضلال

Islam ᵓislām إسلام

islamisch ᵓislāmī إسلامي

Israel ᵓisrāᵓīl إسرائيل

J

Jacke miᶜṭaf معطف

Jahr sana سنة

nächstes Jahr as-sanatu l-qādima السنة القادمة

Jahrhundert qarn قرن

Januar yanāyir يناير

Jeans ǧīnz جينز

Jeep sayyāra ǧīb سيارة جيب

Jemen al-yaman اليمن

jetzt ᵓal-ᵓān الآن

Jod yūd يود

joggen yuharwilu يهرول

Joghurt zabādī زبادي

Jordanien al-ᵓurdun الأردن

Juli yūlyū يوليو

jung ṣaġīr صغير

Junge šāb شاب

Juni yūnyū يونيو

Juwelier ṣāᵓiġ صائغ

K

Kabel kābil كابل

Kaffee qahwa قهوة

Kajalstift qalamu l-kuḥl قلم الكحل

Kakao kākāw كاكاو

Kakerlake ṣurṣūr صرصور

Kalbfleisch laḥmu l-ᶜiǧl لحم العجل

Kalif ḫalīfa خليفة

Kalligraph ḫaṭṭāṭ خطاط

Kalligraphie fannu l-ḫaṭṭ فن الخط

kalt bārid بارد

Kapitän kāptin كابتن

kaputt mu^caṭṭil معطل

Karat qīrāṭ قيراط

Karawanserei mustarāḥu l-qawāfil مستراح القوافل

Kardamom ḥabbahān حَبَّهان

Kartoffeln baṭāṭis بطاطس

Kaschmir kašmīr كشمير

Katakomben qubūrun taḥta l-ᵓarḍ قبورٌ تحت الأرض

Katar qaṭar قَطَر

kaufen yaštarī يشترى

Kaution kafāla كفالة

kein lā لا

Kekse baskawīt بسكويت

Kelim kilīm كليم

Kellner ǧarsūn جرسون

Kellnerin ǧarsūna جرسونة

kennenlernen yata^carrafu ^calā يتعرّف على

Keramik ḫazaf خزف

Keramik faḫḫār فُخَّار

Kerzen šumū^c شموع

Kette silsila سلسلة

Kind ṭifl طفل

Kinderarzt ṭabību ᵓaṭfāl طبيب أطفال

Kinderbett sarīru ᵓaṭfāl سرير أطفال

Kindersitz maq^cadu l-ᵓaṭfāl مقعد الأطفال

Kinderwagen ^carabatu ᵓaṭfāl عربة أطفال

Kino sinimā سينما

Kirche kanīsa كنيسة

klar ṣāfin صاف

Klebeband šarīṭun lāṣiq شريط لاصق

Kleid libās لباس

klein ṣaġīr صغير

klettern yatasallaqu يتسلق

Klimaanlage mukayyafu l-hawāᵓ مكيف الهواء

Kloster dayr دَير

Kneipe ḥāna حانة

Knie rukba ركبة

Knoblauch ṯūm ثوم

Knochen ^caẓm عظم

Knopf zirr زِر

kochen yaṭbuḫu يطبخ

Koffer ḥaqība حقيبة

kommen (aus) ya°tī min يأتي من

Kondome kabābīd كبابيد

Konfession maḏhab مذهب

König malik ملك

Königin malika ملكة

können yastaṭī°u يستطيع

Konzert ḥaflun mūsīqī حفل موسيقي

Kopf ra°s رأس

Kopfhörer sammā°atu ra°s سماعة رأس

Kopie nusḫa نسخة

koptisch qibṭī قبطي

Koran al-qur°ān القرآن

Korankästchen °ulbatun li-ḥifẓi l-qur°ān علبة لحفظ القرآن

Korb salla سلة

Körper ǧism جسم

Körperlotion lūṯiyyūn li-dahni l-ǧism لوثيون لدهن الجسم

kosten yatakallafu يتكلّف

Kostüm tāyīr تايير

krank marīḍ مريض

Kräuter °a°šāb أعشاب

Kreditkarte biṭāqaṭu i°timān بطاقة ائتمان

Kreuzfahrt riḥlatun siyāḥiyya رحلةٌ سياحية

Kuchen gātūh جاتوه

Kugelschreiber qalamu ḥibrin ǧāff قلم حبر جاف

kühl bārid بارد

Kühlschrank ṯallāǧa ثلاجة

Kühltasche kīsun li-ḥifẓi l-burūda كيس لحفظ البرودة

Kunst fann فن

Kunsthandwerk fannu ṣ-ṣinā°ati l-yadawiyya فن الصناعة اليدوية

Künstler fannān فنان

Kupfer nuḥās نحاس

Kupferkännchen °ibrīqun nuḥāsī إبريق نحاسي

Kupferkessel ġalāyyatun nuḥāsiyya غلاية نحاسية

Kupfertablett ṣīniyya nuḥāsiyya صينية نحاسية

Kuppel qubba قُبَّة
Kuppelbau bināʾu qubba بناء قُبَّة
kurz qaṣīr قصير
küssen yuqabbilu يقبِّل
Küste sāḥil ساحل
Kuwait al-kuwayt الكويت

L

Lammfleisch laḥmu ḫarūf لحم خروف
Lampe miṣbāḥ مصباح
Land balad بلد
Landkarte ḫarīṭa خريطة
Landschaft manẓarun ṭabīʿī منظر طبيعي
Landstraße ṭarīqun ʿām طريق عام
Landung hubūṭ هبوط
lang ṭawīl طويل
langsam baṭīʾ بطئ
langweilig mumill مملّ
Lärm ḍawḍāʾ ضوضاء
lästig ṯaqīlu ẓ-ẓil ثقيل الظل
laut ṣawṭun murtafiʿ صوت مرتفع
leben yaʿīšu يعيش
Lebensmittelgeschäft maḥallu mawādin ġiḏāʾiyya محل مواد غذائية
Leder ǧild جلد
Ledertasche ḥaqībatun ǧildiyya حقيبة جلدية
leer fāriġ فارغ
legen yaḍaʿu يضع
leicht ḫafīf خفيف
Leinen kattān كتان
leise ḫafīḍ خفيض
lernen yataʿallamu يتعلمُ
lesen yaqraʾu يقرأ
letzter ʾaḫīr أخير
Libanon lubnān لبنان
Libyen lībiyā ليبيا
Licht ḍawʾ ضوء
lieben yuḥibbu يحبُ
Liegestuhl kursiyyu iḍtiǧāʿ كرسي اضطجاع
Lift miṣʿad مصعد
lila banafsaǧī بنفسجي
Limonade līmunāda ليمونادة
Lippenstift ṭilāʾu š-šifāh طلاء الشفاه

Livemusik mūsīqā ḥayya موسيقى حية

Loch ṯuqb ثقب

Locken ḫuṣlāt خصلات

Löffel milᶜaqa ملعقة

Luft hawāᵓ هواء

Luftmatratze martabatun hawāᵓiyya مرتبة هوائية

Luftpumpe minfāḫu hawāᵓ منفاخ هواء

Lunge riᵓa رئة

M

machen (herstellen) yaṣnaᶜu يصنعُ

machen (tun) yafᶜalu يفعل

Mädchen fatāt فتاة

Magen maᶜida معدة

Magenschmerzen ᵓālāmun fi l-maᶜida آلام في المعدة

mager naḥīf نحيف

Mai māyū مايو

Malerei fannu r-rasm فن الرسم

manchmal ᵓaḥyānan أحياناً

Mango māngo مانجو

Mann (Ehemann) zawǧ زوج

Mantel miᶜṭaf معطف

Markt sūq سوق

Markthalle sūqun masqūfa سوق مسقوفة

Marmor ruḫām رخام

marokkanisch maġribī مغربي

Marokko al-maġrib المغرب

März māris مارس

Massage tadlīk تدليك

Matratze martaba مرتبة

Mauer ṣūr صور

maurisch maġribī مغربي

Mausoleum ḍarīḥ ضريح

Medizin aṭ-ṭibb الطب

Meer baḥr بحر

Melone baṭṭīḫ بطيخ

Mensch ᵓinsān إنسان

Menü qāᵓima قائمة

mesopotamisch min bilādi mā bayna n-nahrayn من بلاد ما بين النهرين

Messer sikkīn سكين

Messing nuḥāsun ᵓaṣfar نحاس أصفر

Miete mablaġu l-ʾīǧār مبلغ الإيجار

mieten yastaʾǧiru يستأجر

Milch ḥalīb حليب

Minarett manāra منارة

Miniaturmalerei ar-rasmu l-munamnam الرسم المنمنم

Minute daqīqa دقيقة

Missverständnis sūʾu tafāhum سوء تفاهم

mit maʿa مع

Mittagessen ġadāʾ غداء

mittags ẓuhran ظهراً

Mittelalter al-qurūn al-wuṣṭā القرون الوسطى

Mittwoch al-ʾarbiʿāʾ الأربعاء

Mobiltelefon hātifun maḥmūl هاتف محمول

mögen yuʿǧabu يعجبُ

Monat šahr شهر

Mond qamar قمر

Montag al-ʾiṯnayn الاثنين

morgen ġadan غداً

Morgen aṣ-ṣabāḥ الصباح

morgens ṣabāḥan صباحاً

Mosaik fusayfisāʾ فُسيفساء

Moskitonetz nāmūsiyya ناموسية

Moslem muslim مسلم

Mücke nāmūsa ناموسة

Mückenschutz mādatun ṭāridatun li-n-nāmūs مادة طاردة للناموس

müde mutʿab متعَب

Muezzin muʾaḏḏin مؤذن

Mülleimer ṣallatu l-qumāma سلة القمامة

Mund famm فم

Münze qiṭʿatun maʿdaniyya قطعةٌ معدنية

Muscheln qawāqiʿ قواقع

Museum matḥaf متحف

Musik mūsīqā موسيقى

Muskel ʿaḍala عضلة

Mutter ʾumm أم

Mütze ṭāqīya طاقية

N

Nabatäer nabātī نباتي

nach (Richtung) ʾilā إلى

nach (zeitlich) baʿda بعدَ

nachher baʿda ḏālika بعد ذلك

Nachmittag baᶜda ẓ-ẓuhr
بعد الظهر

nachmittags baᶜda ẓ-ẓuhr; ẓuhran ظهراً

Nachricht ḫabar خبر

Nachsaison nihāyatu l-mawsim
نهاية الموسم

nächster at-tālī التالي

nachts laylan ليلاً

Nachtisch ḥalwā baᶜda ṭ-ṭaᶜām
حلوى بعد الطعام

Nacken qafā قفا

nackt ᶜārin عار

Nagelfeile mibradu l-ᵓaẓāfir
مبرد الأظافر

Nagellack ṭilāᵓu l-ᵓaẓāfir
طلاء الأظافر

Nagelschere miqaṣṣu l-ᵓaẓāfir
مقص الأظافر

Nähgarn ḫayṭ خيط

Nähnadel ᵓibratu ḫiyāṭa
إبرة خياطة

Name ism اسم

nass mubtal مبتل

Nationalität al-ǧinsīya
الجنسية

Nationalpark ḥadīqatun qawmiyya
حديقة قومية

Nebel ḍabāb ضباب

nehmen yaᵓḫuḏu يأخذُ

nein lā لا

Nerv ᶜaṣab عصب

neu ǧadīd جديد

Neujahr raᵓsu s-sana
رأس السنة

nicht laysa ليس

nichts lā šayᵓ لا شيء

nie muṭlaqan مطلقاً

niemand lā ᵓaḥad لا أحد

Nomade badawī بدوي

Nomadenkelim kilīmun badawī
كليم بدوي

Norden aš-šamāl الشمال

normal ᶜādī عادي

Notausgang maḫraǧu ṭ-ṭawāriᵓ
مخرجُ الطوارئ

notwendig ḍarūrī ضروري

November nūfambir نوفمبر

Nudeln makarūna مكرونة

Nummer raqm رقم

nur faqaṭ فقط

O

Oase wāḥa واحة
Obelisk misalla مسلَّة
oben fawq فوق
Obst fākiha فاكهة
oder ᵓaw أو
offen maftūḥ مفتوح
Öffnungszeiten ᵓawqātu l-ᶜamal أوقات العمل
oft kaṯīran كثيراً
ohne bi-dūn بدون
Ohr ᵓuḏun أذن
Oktober ᵓuktūbar أكتوبر
Öl zayt زيت
Oliven zaytūn زيتون
Olivenöl zaytu z-zaytūn زيت الزيتون
Oman ᶜumān عُمان
Optiker naẓārātī نظاراتي
Orange burtuqāl برتقال
Orangensaft ᶜaṣīru burtuqāl عصير برتقال
Orchester ᵓūrkistrā أوركسترا
Orden (Derwisch-) ṭarīqa طريقة
Ornament zaḫrafa زخرفة
orthodox ᵓurṯuduksī أرثودكسي
Orthopäde ᵓaḫiṣṣāᵓī ǧirāḥati l-ᶜiẓām أخصائي جراحة العظام
Ortszeit tawqītun maḥallī توقيت محلي
Osmanen al-ᶜuṯmāniyyūn العثمانيون
Osten aš-šarq الشرق
Ostern ᶜīdu l-fiṣḥ عيد الفصح
Österreich an-nimsā النمسا

P

Päckchen ṭardun ṣaġīr طردٌ صغير
Palast qaṣr قصر
Palästina filasṭīn فلسطين
Palästinenser filasṭīnī فلسطيني
Palästinenserin filasṭīniyya فلسطينية
Palme naḫla نخلة
Papiertaschentücher manādīlu waraqiyya مناديل ورقية

Paprika (Gewürz) filfil فلفل

Paprikaschote filfil ḥulw فلفل حلو

Parfüm ᶜiṭr عطر

Park ḥadīqa حديقة

parken yaṣuffu s-sayyāra يصف السيارة

Parkplatz mawqifu s-sayyārāt موقف السيارات

Partner šarīk شريك

Partnerin šarīka شريكة

Pause istirāḥa استراحة

Pavillon kušk كشك

Perle luᵓluᵓ لؤلؤ

Perlmutt ṣadaf صدف

Petersilie baqdūnis بقدونس

Pfeffer filfil فلفل

Pfeife bāyb بايب

Pfirsich ḫawḫ خوخ

Pflanzenfarben ᵓalwānun nabātiyya ألوان نباتية

Pflaster šarīṭun lāṣiq شريط لاصق

Pharaonen al-farāᶜina الفراعنة

Pilot ṭayyār طيار

pink wardiyyun fātiḥ وردي فاتح

Pinzette milqaṭ ملقط

Plakat ᵓiᶜlān إعلان

Plan ǧadwal جدول

Plastik blāstīk بلاستيك

Plastikbecher qadaḥun blāstīkī قدح بلاستيكي

Platz makān مكان

Polizei šurṭa شرطة

Polizist šurṭī شرطيّ

Portal bawwāba بوابة

Portion ṭabaq طبق

Porträt ṣūratu šaḫṣ صورة شخص

Postkarte biṭāqatu barīd بطاقة بريد

Postleitzahl raqmun barīdī رقمٌ بريدي

Preis siᶜr سعر

preiswert raḫīṣu ṯ-ṯaman رخيص الثمن

privat ḫāṣṣ خاص

Problem muškila مشكلة

Puder būdra بودرة

Pullover blūvar بلوفر

Pulver masḥūq مسحوق

pünktlich maḍbūṭ مضبوط

putzen yaġsilu يغسلُ

Pyramiden al-ᶜahrāmāt الأهرامات

Q

Qualität kayfiyya كيفية

Quelle maṣdar مصدر

Quittung ᵓīṣāl ايصال

R

Rabatt ḫaṣm خصم

Rad ᶜağala عجلة

Radierung ṭabᶜatun ᶜan klīšeh ḥafrī طبعة عن كليشيه حفري

Radio rādyū راديو

Rasierapparat mākīnatu ḥilāqa ماكينة حلاقة

rasieren yaḥliqu يَحلِقُ

Rasierklinge šafratu l-ḥilāqa شفرة الحلاقة

rauchen yudaḫḫinu يدخن

Rauschgift muḫaddir مخدِّر

rechnen yaḥsibu يحسبُ

Rechnung ḥisāb حساب

Regenjacke miᶜṭafu maṭar معطف مطر

Regenschauer maṭra مطرة

reich ġanī غني

Reifen ᵓiṭār إطار

Reinigung tanẓīf تنظيف

Reis ᵓaruzz أرز

Reise riḥla رحلة

Reiseführer dalīlu r-riḥla دليل الرحلة

Reisepass ğawāzu safar جواز سفر

Reisetasche ḥaqībatu s-safar حقيبة السفر

Reißverschluss susta سوستة

reiten yarkabu يركبُ

Reklamation iᶜtirāḍ اعتراض

Religion dīn دِين

reparieren yuṣliḥu يُصلح

reservieren yaḥğizu يحجز

reserviert maḥğūz محجوز

Restaurant maṭᶜam مطعم

richtig ṣaḥīḥ صحيح

Richtung ittiǧah اتجاه

Ring ḫātam خاتم

Rock ǧīb جيب

roh nabātī نباتي

Roman riwāya رواية

Römer ar-rūmān الرومان

römisch rūmānī روماني

rosa wardī وردي

rot ᵓaḥmar أحمر

Rotwein nabīḏun ᵓaḥmar نبيذ أحمر

Rücken ẓahr ظهر

Rückfahrt ᵓiyāb إياب

Rückflug riḥlatu l-ᶜawda رحلة العودة

Rücklicht ḍawᵓun ḫalfī ضوء خلفي

Rucksack ḥaqībatu ẓ-ẓahr حقيبة الظهر

rufen yunādī ينادي

ruhig hādiᵓ هادئ

Ruine ᵓanqāḍ أنقاض

rund (ca.) ḥawālay حوالي

Rundfahrt ǧawla جولة

S

Saal bahw بهو

Sache šayᵓ شيء

Safe makānu ḥifẓi l-ᵓašyāᵓi t-tamīna مكان حفظ الأشياء الثمينة

Saft ᶜaṣīr عصير

Salbe marham مرهم

Salz malḥ ملح

Sammeltaxi sarfīs سرفيس

Samstag as-sabt السبت

Sand raml رمل

Sandalen ṣandal صندل

Sanddüne kaṯībun ramlī كثيبٌ رملي

Sandstein ḥaǧarun ramlī حجر رملي

Sandstrand šāṭiᵓun ramlī شاطئ رملي

Sandsturm ᶜāṣifatun ramliyya عاصفةٌ رملية

Sänger muġannī مغني

Sängerin muġanniyya مغنية

Sarkophag tābūt تابوت

satt sein yašbaᶜu يَشبَع

Sattel maqᶜad مقعد

sauber naẓīf نظيف

Saudi-Arabien ᵓal-mamlakatu l-ᶜarabiyyatu s-suᶜūdiyya المملكة العربية السعودية

sauer ḥāmiḍ حامض

Säule ᶜamūd عمود

Schafskäse ğubnun ᵓabyaḍ جبن أبيض

Schafwolle ṣūfu l-ḫarūf صوف الخروف

Schal šāl شال

Schalter (Karten) šubbāk شباك

Schalter (Knopf) miftāḥ مفتاح

scharf ḥārr حار

Schatten ẓill ظِل

Schatzkammer ḫizāna خزانة

Schaufenster wāğihatu l-ᶜarḍ واجهة العرض

Schauspieler mumaṯṯil ممثل

Schauspielerin mumaṯṯila ممثلة

schenken yuhdī يهدي

Schere miqaṣṣ مقص

schicken yursilu يرسلُ

Schiff safīna سفينة

schiitisch šīᶜī شيعي

schimpfen yaštimu يشتمُ

Schirm miẓalla مظلة

Schlafanzug biğāma بجامة

schlafen yanāmu ينام

Schlafsack kīsu l-nawm كيس النوم

Schlaftabletten ᵓaqrāṣun munawwima أقراص منومة

Schlange ṯuᶜbān ثعبان

schlank rašīq رشيق

Schlauch (Reifen) ᵓiṭārun dāḫiliyy إطارٌ داخلي

schlecht sayyiᵓ سيء

Schloss (Gebäude) qaṣr قصر

Schlucht šiᶜbu l-ğabal شعب الجبل

Schlüssel miftāḥ مفتاح

schmecken yastasīġu يستسيغ

Schmerzmittel dawāᵓun ḍidda l-ᵓalam دواء ضد الألم

Schmuck ḥulīy حليّ

schmutzig muttasiḫ مُتّسخ

Schnabelkännchen ᵓibrīq إبريق

Schnee ṯalğ ثلج

schneiden yaqṭaᶜu يقطع

schnell sarīᶜ سريع

Schnitzerei naḥt نحت

Schnorchel ḫurṭūmu t-tanaffus خرطوم التنفس

Schnupfen zukām زكام

Schnurrbart šārib شارب

Schnürsenkel ribāṭu l-ḥiḏā᾿ رباط الحذاء

Schokolade šīkūlāta شيكولاتة

Schonkost ṭaᶜāmu l-marīḍ طعام المريض

Schrank dūlāb دولاب

Schreibblock nūta نوتة

schreiben yaktubu يكتب

Schuhe ḥiḏā᾿ حذاء

Schuhmacher ᾿iskāfiyy إسكافي

Schule madrasa مَدرسَة

Schulter katif كتف

schwanger ḥāmil حامل

schwarz ᾿aswad أسود

Schweiz swīsrā سويسرا

schwer ṯaqīl ثقيل

Schwester ᾿uḫt أخت

schwierig ṣaᶜb صعبٌ

Schwimmbad masbaḥ مسبح

schwimmen yasbaḥu يسبح

Schwimmflossen zaᶜānifu s-sibāḥa زعانف السباحة

Schwimmflügel ᾿ağniḥatu l-ᶜawm أجنحة العوم

Schwimmweste sutratu n-nağāt سترة النجاة

schwindelfrei sein la yuṣābu bi-d-duwār لا يصاب بالدوار

schwitzen yaᶜraqu يعرقُ

See buḥayra بحيرة

Seegang irtifāᶜu l-mawğ ارتفاع الموج

Seeigel qunfuḏi l-baḥr قنفذ البحر

seekrank muṣābun bi-duwāri l-baḥr مصابٌ بدوارِ البحر

Segelboot qāribun širā᾿ī قارب شراعي

sehen yarā يرى

Sehenswürdigkeiten maᶜālimu ᾿aṯariyya معالمُ أثرية

sehr ğiddan جداً

Seide ḥarīr حرير

Seife ṣābūn صابون

Seil ḥabl حبل

Seilbahn sikkatun kablīya سكة كبلية

seit mundu منذ

Sekunde tāniya ثانية

Selbstbedienung ḫidmatun dātiyya خدمة ذاتية

September siptambir سبتمبر

Service ḫidma خدمة

Sessel kanaba كنبة

Shampoo šāmbū شامبو

Shorts šūrt شورت

sicher ᵓāmin آمنٌ

Sicherheitsgurt ḥizāmu ᵓamān حزام أمان

Sicherung miṣhar مصهر

sie hiya هي

Sie (Anrede, Plural) ḥaḍarātukum حضراتكم

Sie (Anrede, Singular) ḥaḍratuk حضرتك

Sieg fawz فوز

Silber fiḍḍa فضة

silbern fiḍḍī فضي

singen yuġannī يغني

Sitz maqᶜad مقعد

sitzen yaqᶜudu يقعد

Skorpion ᶜaqrab عقرب

Skulptur timṯāl تمثال

Slip kālsūn كالسون

SMS risālatun qaṣīra رسالة قصيرة

Sohn ᵓibn إبن

Sommer ṣayf صيف

Sommervilla muntağaᶜu ṣ-ṣayf منتجع الصيف

Sonderangebot ᶜarḍun ḫāṣṣ عرض خاص

Sonne šams شمس

Sonnenaufgang šurūq شروق

Sonnenbrand iḥtirāqu l-ğildi bi-sababi š-šams احتراق الجلد بسبب الشمس

Sonnenbrille naẓẓāratu šams نظارة شمس

Sonnenhut qubbaᶜatu šams قبعة شمس

Sonnenstich ḍarbatu šams ضربة شمس

Sonnenuntergang ġurūb غروب

Sonntag al-ᵓaḥad الأحد

Soße ṣalṣa صلصة

spät mutaᵓaḫḫir متأخر

später fīmā baᶜd فيما بعد

Spaziergang fusḥa فسحة

Speisesaal qāᶜatu ṭ-ṭaᶜām قاعة الطعام

Spezialität wağbatun ḫāṣṣa وجبة خاصة

Sphinx ᵓabu l-hawl أبو الهول

Spiegel mirᵓāt مرآة

Spiel luᶜba لعبة

spielen yalᶜabu يلعب

Spielfilm filmun riwāᵓī فيلم روائي

Spielkarten luᶜbatu l-waraq لعبة الورق

Spielplatz sāḥatu l-laᶜib ساحة اللعب

Spielzeug luᶜba لعبة

Sport riyāḍa رياضة

Sprache luġa لغة

sprechen yataḥaddaṯu يتحدثُ

Spritze ḥuqna حقنة

Spucktüte kīsu t-taqayᵓ كيس التقيؤ

Spülmittel mādatu ġasīl مادة غسيل

Stadion ᵓistād إستاد

Stadt madīna مدينة

Stadtführung ğawlatun ᵓiršādiyya جولةٌ إرشادية

Stadtmauer sūru l-madīna سور المدينة

Stadtplan ḫarīṭatu l-madīna خريطة المدينة

Stadtrundfahrt ğawlatun ḥawla l-madīna جولة حول المدينة

Stadtteil ḥayy حي

Stadttor bawwābatu l-madīna بوابة المدينة

Stadtzentrum wasaṭu l-madīna وسط المدينة

stark qawī قوي

Statue timṯāl تمثال

Staudamm sadd سدٌّ

Stausee buḥayratu s-sadd بحيرة السد

Steckdose barīza بريزة

Stecker fīša فيشة

stehen yaqifu يقفُ

Stempel ḫatm خَتم
Stern nağm نجم
Stich laḏġa لذغة
Stickerei taṭrīz تطريز
Stiefel būt بوت
Stil ṭirāz طراز
stinken yantunu ينتن
Stirn ğabha جبهة
Stockwerk ṭābiq طابق
stornieren yastariddu يسترد
Störung ḫalal خلل
Straßenkarte ḫarīṭatu š-šawāriᶜ خريطة الشوارع
Streichhölzer ᵓaᶜwādu ṯiqāb أعواد ثقاب
Strümpfe ğawārib جوارب
Strumpfhose ğawrabun sirwāl جورب سروال
Stück qiṭᶜa قطعة
Student ṭālib طالب
Studentin ṭāliba طالبة
studieren yadrusu يدرُس
Stufe darağa درجة
Stuhl kursī كرسي
Stunde sāᶜa ساعة
Sturm ᶜāṣifa عاصفة
stürmisch ᶜāṣif عاصف
Sturz suqūṭ سقوط
suchen yabḥaṯu يبحث
Süden al-ğanūb الجنوب
Sultan sulṭān سلطان
sunnitisch sunnī سُني
Supermarkt suber market سوبرماركت
Suppe šurba شُربة
süß ḥulw حلو
Swimmingpool ḥammāmu sibāḥa حمام سباحة
Synthetik nasīğun ṣināᶜī نسيج صناعي
Syrien sūriyā سوريا

T

Tag yawm يوم
Tal wādī وادي
Tampons sidādāt quṭn سدادات قطن
Tankstelle maḥaṭṭatu l-banzīn محطة البنزين
Tänzer rāqiṣ راقص
Tänzerin rāqiṣa راقصة

Tasche šanṭa شنطة

Taschendieb naššāl نشّال

Taschenlampe miṣbāḥun yadawī مصباح يدوي

Taschenmesser miṭwāt مطواة

Tasse finǧān فنجان

tauchen yaġūṣu يغوصُ

Taucheranzug badlatu l-ġawṣ بذلة الغوص

Taucherausrüstung ᶜuddatu l-ġawṣ عدة الغوصِ

Taucherbrille naẓẓāratu l-ġawṣ نظارةُ الغوص

Taxistand mawqifu t-taksī موقف التاكسي

Tee šāyy شاي

Teekanne ᵓibrīqu šāyy إبريق شاي

Teelöffel milᶜaqatu šāyy ملعقة الشاي

Telefon telīfūn تليفون

Teller ṭabaq طبق

Tempel maᶜbad معبد

Temperatur daraǧatu l-ḥarāra درجةُ الحرارة

Theater masraḥ مسرح

Thermalbad ḥammāmun ḥārr حمَّامٌ حار

Tier ḥayawān حيوان

Tisch māᵓida مائدة

Tochter ᵓibna ابنة

Tochter bint بنت

Toilette ḥammām حَمَّام

Toilettenpapier warqu t-tuwālīt ورق التواليت

Topf qidr قِدر

Töpferei ṣināᶜatu l-ḫazaf صناعة الخزف

Tor bawwāba بوابة

Tor (Treffer) hadaf هدف

tot mayyit ميتٌ

Touristeninformation maktabu istiᶜlāmāti s-suyyāḥ مكتب استعلامات السياح

tragen yaḥmilu يحملُ

Treppe sullam سلمٌ

trinken yašrabu يشرب

Trinkgeld baqšīš بقشيش

Trinkwasser māᵓu šurb ماءُ شرب

trocken ǧāff جافّ

Tropfen qaṭra قطرة

Tropfsteinhöhle maġāratu l-hawābiṭi wa ṣ-ṣawāᶜid مغارة الهوابط والصواعد

T-Shirt tīšīrt تي شيرت

tun yafᶜalu يفعل

Tunesien tūnis تونس

Tunesier tūnisī تونسي

Tunesierin tūnisiyya تونسية

Tür bāb باب

türkis tirkuwāz تركواز

Turm burǧ برج

Tüte kīs كيس

typisch mumayyaz مميز

U

Übelkeit ġaṯayān غثيان

überall fī kulli makān في كل مكان

Überfahrt riḥlatun baḥriyya رحلة بحرية

übermorgen baᶜda ġad بعد غد

übernachten yabītu يبيتُ

Überreste baqāyā بقايا

übersetzen yutarǧimu يترجم

Überweisung taḥwīl تحويل

Ufer šāṭiᵓ شاطئ

Uhr sāᶜa ساعة

Uhrmacher sāᶜātī ساعاتي

um fī tamām في تمام

Umgebung nāḥiya ناحية

Umkleidekabine maqṣūratu taġyīri l-malābis مقصورة تغيير الملابس

umsonst (gratis) maǧǧānī مجاني

umsonst (vergeblich) bi-lā ǧadwā بلا جدوى

umsteigen yuġayyiru l-muwāṣala يغير المواصلة

umtauschen yastabdilu يستبدل

Umweg ṭarīqun ġayru mubāšir طريق غير مباشر

und wa- و

Unfall ḥādiṯ حادث

ungefähr taqrīban تقريباً

Unglück sūᵓu l-ḥaẓẓ سوء الحظ

Universität ǧāmiᶜa جامعة

unten ᵓasfal أسفل

unter taḥt تحت

Unterkunft manzil منزل

Unterschrift tawqīᶜ توقيع

Unterwäsche malābis dāḫiliyya ملابس داخلية

Unwetter ᶜāṣifatun maṭāriyya عاصفة مطارية

Urlaub ᶜuṭla عطلة

V

Vase zahrīya زهرية

Vater wālid والد

vegetarisch nabātī نباتي

Ventilator mirwaḥa مِروحة

sich verabreden yatawāᶜadu يتواعد

Veranstaltungskalender ǧadwalu n-nadawāt جدول الندوات

Verbandszeug ᵓadawātu t-taḍmīd أدوات التضميد

verboten mamnūᶜ ممنوع

verdorben fāsid فاسد

Vereinigte Arabische Emirate al-ᵓimārātu l-ᶜarabiyyatu l-muttaḥida الإمارات العربية المتحدة

Vergangenheit māḍī ماضي

vergessen yansā ينسى

vergoldet muḏahhab مُذهّب

verhaften qabaḍa ᶜalā قبضَ على

verheiratet mutazawwiǧ متزوج

Verkäufer bāᵓiᶜ بائع

Verkäuferin bāᵓiᶜa بائعة

Verlängerungswoche maddu l-ᵓiqāmati li-muddati ᵓusbūᶜ مد الإقامة لمدة أسبوع

sich verletzen yuṣābu يصاب

Verletzung ǧarḥ جرح

verlieren yaḫsaru يخسرُ

Verlobte ḫaṭība خطيبة

Verlobter ḫaṭīb خطيب

Verspätung taᵓḫīr تأخير

verstehen yafhamu يفهمُ

Verstopfung ᵓimsāk إمساك

versuchen yuḥāwilu يحاول

viel kaṯīr كثير

Viertelstunde rubᶜu sāᶜa ربع ساعة

Visitenkarte biṭāqa بطاقة

Volk šaᶜb شَعبٌ

voll mumtaliᵓ ممتلئ

Volleyball al-kuratu ṭ-ṭāʾira الكرة الطائرة

Vollkornbrot ḫubzun ḫašin خبز خشن

von min من

vor einem Monat qabla šahr قبل شهر

vor kurzem qabla qalīl قبل قليل

Voranmeldung tasǧīlun musbaq تسجيلٌ مُسبق

Vorfahrt ʾaḥaqqiyyātu l-murūr أحقية المرور

vorgestern qabla ʾams قبل أمس

Vormittag aḍ-ḍuḥā الضحى

vormittags qabla ẓ-ẓuhr قبل الظهر

vorne ʾamāman أماماً

Vorort ḍāḥiya ضاحية

Vorsaison qabla l-mawsim قبل الموسم

Vorspeise mušahhiyāt مشهيات

Vulkan burkān بركان

W

Wadi wādī وادي

Wagenheber mirfāʿu s-sayyāra مرفاع السيارة

Waggon ʿarabatu sikkati l-ḥadīd عربة سكة الحديد

Währung ʿumla عملة

Wald ġāba غابة

Wanderkarte ḫarīṭatu t-tiǧwāl خريطة التجوال

wandern yataǧawwalu يتجول

Wanderschuhe ḥiḏāʾu t-taǧawwul حذاء التجول

Wanderweg ṭarīqu t-tiǧwāl طريق التجوال

Wandmalerei naqšun ʿalā l-ḥāʾiṭ نقش على الحائط

Wappen ramzu l-ʾusra رمز الأسرة

warm dāfiʾ دافئ

Warndreieck muṯallaṯu t-taḥḏīr مثلث التحذير

warten yantaẓiru ينتظر

warum li-māḏā لماذا

Waschbecken ḥawḍu l-ġasl حوض الغسل

Wäscheklammern mašābiku l-ġasīl مشابك الغسيل

Wäscheleine ḥablu l-ġasīl حبل الغسيل

waschen yaġsilu يغسل

Wäschetrockner muǧaffifu l-malābis مُجفف الملابس

Waschlappen nasīǧatu l-ġasl نسيجة الغسل

Waschmaschine ġassālatu l-malābis غَسَّالة الملابس

Waschmittel masḥūqu l-ġasīl مسحوق الغسيل

Waschsalon maḥallu ġasli l-malābisi ḏātiyyan محل غسل الملابس ذاتياً

Wasser māᵓ ماء

Wasserball kuratu l-māᵓ كرة الماء

Wasserflasche zuǧāǧatu māᵓ زجاجة ماء

Wasserhahn ḥanafiyyatu l-māᵓ حنفية الماء

Wassermelone baṭṭīḫa بطيخة

Wasserpfeife šīša شيشة

Wasserski at-tazalluǧu ᶜalā l-māᵓ التزلج على الماء

Wassertank ḫazzānu māᵓ خزّان ماء

Watte quṭnun ṭibbī قطن طبي

Wattestäbchen ᵓaᶜwādu quṭnin ṭibbī أعواد قطن طبي

Wechselbäder ḥammāmātun mutanāwaba حمَّامات متناوبة

wechselhaft mutaqallib متقلب

Wechselstube maktabu ṣirāfa مكتبُ صرافة

Wecker munabbih منبه

Weg ṭarīq طريق

weh tun yūǧiᶜu يوجِع

weich ladin لَدِن

Weihnachten ᶜīdu mīlādi l-masīḥ عيد ميلاد المسيح

Weihrauch baḫūr بخور

Wein nabīḏ نبيذ

Weintraube ᶜinab عِنب

weiß ᵓabyaḍ أبيض

Weißbrot ḫubzun ᵓabyaḍ خبز أبيض

Weißwein nabīḏun ᵓabyaḍ نبيذ أبيض

Welle mawǧa مَوجة

wenig qalīl قليل
wer man مَن
Werk ᶜamal عمل
Werkstatt warša ورشة
Werkzeug ᶜidda عِدة
Weste ṣadrīya صدرية
Westen al-ġarb الغرب
Wetter ṭaqs طقس
wichtig muhimm مهم
wie kayfa كيف
wie viel kam كم
wiederholen yukarriru يكرر
wiederkommen yaᶜūdu يعود
wiedersehen yarāhu ṯāniyatan يراه ثانية
Wildleder ǧildu l-ᵓayyil جلد الأيّل
Wimperntusche ṣabġatu r-rumūš صبغة الرموش
Wind riyāḥ رياح
Winter šitāᵓ شتاء
wir naḥnu نحن
Wirbelsäule al-ᶜamūdu l-faqrī العمود الفقري
Wischlappen mimsaḥatun li-t-tanẓīf ممسحة للتنظيف
wissen yaᶜrifu يعرف
wo ᵓayna أين
Woche ᵓusbūᶜ أسبوع
wohnen yaskunu يسكن
Wohnmobil sayyāratun sakaniyya سيارة سكنية
Wolke saḥāba سحابة
Wolle ṣūf صوف
Wort kalima كلمة
Wörterbuch qāmūs قاموس
Wunde ǧarḥ جرح
Wurst suǧuq سجق
Würstchen suǧuqun ṣaġīr سجق صغير
Wüste ṣaḥarāᵓ صحراء
Wüstensafari safarun fī ṣ-ṣaḥarāᵓ سفر في الصحراء

Z

Zahl ᶜadad عدد
Zahn sinna سنّة
Zahnbürste furšatu ᵓasnān فرشة أسنان
Zahnpasta maᶜǧūnu ᵓasnān معجون أسنان

Zahnseide ḫayṭu tanẓīfi l-ᵓasnān خيط تنظيف الأسنان

Zahnstocher ḫilālu l-ᵓasnān خِلال الأسنان

Zange kammāša كماشة

Zeckenbiss ᶜaḍḍatu l-qurāda عضة القرادة

Zehe ᵓiṣbaᶜu l-qadam إصباع القدم

Zeichnung taṣwīr تصوير

zeigen yuẓhiru يُظهِر

Zeit waqt وقت

Zeitung ṣaḥīfa صحيفة

Zeitungsstand ṣundūqu l-ǧarāᵓid صندوق الجرائد

Zertifikat šahāda شهادة

Zeuge šāhid شاهد

Ziegenhaar šaᶜru l-māᶜiz شعر الماعز

ziemlich nawᶜan mā نوعا ما

Zigarette sīǧāra سيجارة

Zigarren sīǧār سيجار

Zimmer ġurfa غرفة

Zinn qaṣdīr قصدير

Zirkus sirk سيرك

Zitadelle qalᶜa قلعة

Zitrone laymūn ليمون

Zoo ḥadīqatu l-ḥayawānāt حديقة الحيوانات

Zoomobjektiv ᶜadasatun šayᵓiyyatun muqarriba عدسة شيئية مقربة

Zucchini kūsa كوسة

Zucker sukkar سكر

Zug qiṭār قطار

Zukunft mustaqbal مستقبل

Zündkerze šamᶜatu l-ᵓišᶜāl شمعة الإشعال

Zunge lisān لسان

zurückgeben yurǧiᶜ يُرجِع

zusammen sawīyan سوياً

Zusammenstoß taṣādum تصادم

zusätzlich ᵓiḍāfī إضافي

Zuschlag farqu t-taḏkara فرق التذكرة

Zwieback muqarmišāt مقرمشات

Zwiebel baṣal بصل

Zwischenlandung trānzīt ترانزيت

0	ṣifr	صفر
1	wāḥid	واحد
2	ᵓiṯnān	اثنان
3	ṯalāṯa	ثلاثة
4	ᵓarbaᶜa	أربعة
5	ḫamsa	خمسة
6	sitta	ستة
7	sabᶜa	سبعة
8	ṯamānya	ثمانية
9	tisᶜa	تسعة
10	ᶜašra	عشرة
11	ᵓiḥdā ᶜašar	إحدى عشر
12	ᵓiṯnā ᶜašar	اثنا عشر
13	ṯalāṯata ᶜašar	ثلاثة عشر
14	ᵓarbaᶜata ᶜašar	أربعة عشر
15	ḫamsata ᶜašar	خمسة عشر
16	sittata ᶜašar	ستة عشر
17	sabᶜata ᶜašar	سبعة عشر
18	ṯamānyata ᶜašar	ثمانية عشر
19	tisᶜata ᶜášar	تسعة عشر
20	ᶜišrūn	عشرون
21	wāḥidun wa-ᶜišrūn	واحد وعشرون
22	ᵓiṯnāni wa-ᶜišrūn	اثنان وعشرون
23	ṯalāṯatun wa-ᶜišrūn	ثلاثة وعشرون
24	ᵓarbᶜatun wa-ᶜišrūn	أربعة وعشرون